フィギュール彩 75

A DROWNING WOMAN
MIDORI SUIREN

溺れた女

渇愛的偏愛映画論

睡蓮みどり

figure Sai

彩

彩流社

目次

まえがき

真っ暗な部屋の底から、光を覗き見る。

誰にも邪魔されず、複数のイメージと戯れることを許される特権的な快楽。幾度となく誤訳を繰り返して、自由に暗闇のなかを泳いでゆく。泳いでいるように勘違いしているだけで、本当は溺れているのかもしれない。私は泳ぐのが苦手だから、溺れて、もがいているだけなのかもしれない。少し苦しくて、とても幸福だ。まるで恋でもしているように、胸が躍る。

決定的な瞬間というものがある。恋に落ちるのも、新しい命が宿り生まれてくるのも、誰かと別れてゆくのも、人をどうしようもなく憎むのも。映画には本当に多くの瞬間が描かれていて、そういった決定的な瞬間が起こる前後が物語られる。そして物語のなかに生きる心奪われた人々がいる。その決定的な瞬間を誰かが見つめるということは、このうえなく、その瞬間を肯定しているということのように思える。誰か、とはつまり観ている観客＝私たちのことだ。そういった行為そのものが、美しいと思う。

何かに心を奪われてしまった人たち、そういう人に私は強く惹かれる。ただ恍惚としている人々というのはそれだけで十分に魅力的だ。

この映画評は、二〇一三〜一六年に日本で公開された《愛にまつわる映画》のなかから、主に「図書新聞」に連載されていたものを、愛の種類に分類して加筆修正したものである。《愛にまつわる映画》とは言っても必ずしも世間的に恋愛映画とカテゴライズされる映画とは限らない。映画のジャンル、国は問わずに、さまざまな愛の背後にある物語と、そこに生きる人物たちの内面に寄り添って映画をひもといていけたらと思う。なお、本書には作品の結末に触れることもあるので、あらかじめご了承ください。

映画を好きな理由は多くあるし、未だに言葉にしようとすればするほど実はとても難しくなってしまうのだけれど、それでも私は結果ではなくその瞬間瞬間を肯定したい。必死に他人を愛し、自分を見つめ、生きている人々が刻まれた瞬間を。他者を愛するのはいつだって簡単なことじゃない。映画という夢のなかに溺れたひとりの人間として、これからも何度でも、決定的な瞬間と出会い続けることを望んでいる。

[第一部]　恋愛

混沌を認めるのも人生である

『世界にひとつのプレイブック』（デヴィッド・O・ラッセル監督／アメリカ、二〇一二年公開）

人は迷路に迷い込む。生きていれば前に進んでいくしかない。道かどうかも定かでなくとも歩いているところをとりあえず道と呼び、過去は日々増えていく荷物のように背中にのしかかる。それを背負って歩いていくにはかなりの体力が必要だ。苦痛のなかに放り込まれると、何かにすがりたくもなる。心の拠り所となるもの、それが本当に必要なものかどうかさえわからないまま、指先が何かに触れていないと気が済まない。主人公パットの場合、妻のニッキがそれだった。しかし現実は、病院から戻ると妻は家を売り、出ていってしまっていた。接近禁止命令を残して。

パットは躁うつ病を抱えてセラピーに通うことを約束させられていたが、薬を飲むことを頑なに拒否する。薬は思考を停滞させるだけで何も答えを導き出さない。警察の監視も彼を助けるどころか追いつめるだけで、何の解決策にもならない。とにかく落ち着きがなく、ちょっとしたこと（パットにとってはちょっとしたことではないが）でテンションが上がったり下がったりする。周りの人間たちもそんなパットに振り回されて一緒に大騒ぎになる。

解決策とは何だろう。彼はティファニーという女性と出会う。彼女は夫を亡くし心が折れかけていた。傷ついた彼女は同僚全員と寝たことで職場から追放された。思ったことをそのまますぐ口にしてしまうし、社交性はない。パットの視点に立って物語を見ると、明らかに彼の物語のペースを乱す非常にノイジーな存在だ。決して同調していない。ランニング中、どこからかふいに画面のなかに飛び込んでくる彼女の姿はまるで弾丸さながらだ。この不調和なふたりはある共犯関係を結ぶ。ニッキにティファニーが手紙を渡す代わりに、ティファニーが出たかったダンス大会に出場するというものだった。そしてふたりの特訓の日々が始まる。

この作品の幅を広げるのに優れたところのひとつは、コミカルなカメラの寄り方や揺れ動き方にある。忠実なまでに主人公パットの視点に寄り添いながら、同時に彼に移入しすぎない冷静さ。別にパットとティファニーだけがイカれているわけではないことはすぐに浮き彫りになってくる。友人も、家族も、彼らの周りの人間が大人かというとそうではない。我が儘で、自分の欲求にそぐわなければ泣き喚く。いい大人たちが声高に騒ぎ、お互いの主張ばっかりで、もう何を言っているのかよくわからなくなってくるこのカオス状態は滑稽だ。カメラは優しくもあり、彼らの人間性を見守るように見つめていることに気づく。

また、作中において良し悪しを重視していないところも痛快だ。「何が悪かったの？」というティファニーの言葉は切なく耳に残るが、何が悪かったかは問題ではない。そもそもパットの妻ニッキの浮気が原因だろうと、彼女を問いつめることもなければ、むしろ妻はほとんど登場せず、この物語の記号でしかない。繰り返される「ニッキ」コールはまたかと、思わず突っ込みたくなるほどだ。妻の名前は真実の答えを装った罠に成り代わり、記憶は彼を苦しませるのだが。

本作はアカデミー賞八部門にノミネートされた。主人公を演じたブラッドリー・クーパーの安定感はもちろん、ティファニーを演じたジェニファー・ローレンスは一九九〇年生まれだが、若さを感じさせない貫禄のある女優であり、彼女の自然と溢れ出すエネルギーとセクシーさが、この作品をより濃厚なものに仕上げている。パットの父親役を演じたロバート・デ・ニーロの演技も遊びが効いているし、やはり音楽を担当したダニー・エルフマンのセンスのよさが作品を一層盛り上げている。いつも落ち着きがない人間たちの、ふとした心の隙間や寂しさを思わせるピアノのメロディは耳に残る。

不調和なふたりはダンス大会で初めて調和する。ミステリアスで、激しく、何とも官能的なシーン。そしてこのシーンで初めて、パットの、そしてティファニーの目に映った互いの本当の姿を知る。彼女の何に惹かれたのか、彼の何に惹かれたのか。言葉なくとも伝わってくる。このふたりがこんなに美しかったのかとはっとさせられるに違いない。こんなエネルギッシュなラブストーリーが観たかった、と素直に言える作品だ。彼らの出した答えはひとつのゴールであり、また新たな迷路を進んでいくだろうという予感を与えてくれる。過去の荷物は相変わらず重いが、体力がついた今、それさえ快感に変わるだろう。そこにあるのは決して押しつけがましいハッピーエンドではなく、優しさに満ちた始まりの光の燃え上がりなのだった。

印象的な「青」に対比されるラタトゥイユの「赤」

『東ベルリンから来た女』(クリスティアン・ペッツォールト監督／ドイツ、二〇一二年公開)

彼女には似つかわしくなかった、何もかも。まるで感情を押し殺したような無表情、庶民的な自転車、恋人への笑顔、そして瞼に深く彩られた青いアイシャドー。

ベルリンの壁崩壊の九年前、一九八〇年、東ドイツのバルト海沿岸に位置する病院に、美しい医師が左遷されてきた。本作のヒロイン、バルバラ(ニーナ・ホス)である。当時、東ドイツから西への移住は自由売買というかたちで行われていた。だが、彼女のような優秀な人間が西へ移住する許可は下されなかった。国が優秀な労働力を失いたくないためである。と同時に、危険分子とみなされ国家警察の厳しい監視下で暮らさねばならなかった。西への脱出の機会を西ベルリンに住む恋人と密かに画策するバルバラであったが、深く静かな波のように彼女の心は揺れ始めていた。

なぜか、本作は青と碧が印象的であった。さまざまなシーンで登場するこのふたつの色の融合は素晴らしい。時代背景を映し出した、とは言いがたい鮮やかな色使いは、美しすぎて奇妙な感じさえ覚える。むしろ、もうひとりの主人公であり、バルバラの上司にあたる医師アンドレ(ロナルト・ツェアフェルト)が壁に飾るレンブラントの絵の黒い陰影こそ、時代を象徴する色彩のようである。似つかわしくない、というちょっとした違和感が消えないなか、ミステリアスに着々と物語は進行していく。

　バルバラはふたつのものを隠していた。誰が密告者かわからない、もう全員が密告者であるかもしれないという可能性から来る恐怖と懐疑心。そこで彼女は美しい顔立ちの下に感情を隠してしまう。大人になるということは状況に左右されるということかもしれない。少年少女の愚直なまでの恋物語は空想にすぎず、その後はしがらみのなかで生きるしかない。人間同士のしがらみを超えて、国と国とのしがらみに翻弄されるバルバラ。しかし患者である少年少女は自分の感情に忠実だ。だからこそ計画性も薄く、失敗ばかりを繰り返すのだが。特にステラ（ヤスナ・フリッツィ・バウアー）という少女の患者は、バルバラに対して素直な心をぶつけてきた。「一緒にいて」。懐疑心のない人間に対しては心も自然と開かれてくる。バルバラは他の人間には見せない優しさをステラに示した。そしてもうひとつ、バルバラは深い碧色の森の岩の下に、逃走資金を埋めて隠す。また碧色はアンドレの執刀衣にも象徴される。

　バルバラとアンドレ、ふたりの距離感を表すのに重要なシーンがある。ピアノを調律するシーンだ。バルバラの家にピアノを見つけたアンドレは、調律師を送る。放っといて、と吐き捨てるバルバラだったが、壊れたものを直そうとする行為は、彼自身の歩み寄りそのものだった。そして彼女はピアノを弾く。非常に短いが、このシーンにこそ彼女の心の内を垣間見たようだった。

　一方、恋人との逢瀬の計画を進めるなかで、恋人の住む西に渡ることを夢見た女が、「もし彼と結婚したら西に行けるかな」と言う。するとバルバラは一言「無理よ」と放つ。彼女自身も西へ渡ることを夢見たはずだった。なぜこんな風に言い切ったのか。徐々にバルバラの計画に気づきながらも、家に招きラタトゥイユをつくろうとするアンドレ。ここで見せるバルバラの表情は恋人との逢瀬のそれとはまた別物で、妙に子供らしい笑顔なのだった。自ら求めようとするも、すぐに普段のバルバラに戻ってしまい、結局ラタトゥイユを食べるシーンは描かれない。色彩感覚の秀逸さが物語とシンクロする。

生命に直接関わる医師という生き方、そして女として心に忠実になろうとする生き方。信じ合うのではない。信じる、と決断を下すしかないのだ。一方的であるもの同士が、しかし同じ未来を夢見ることはあるのだから。静かでとても情熱的に燃えている。通じ合った後で、言葉は必要ない。大人でも子供でもない、人間同士の深い結びつきがここにある。画面から片時も目を離すことなく、この緊張感とバルバラの美しさに存分に翻弄された。そして映画が終わると、私はあの、アンドレがつくったラタトゥイユの赤色を想像してみた。

非の打ちどころのない、完璧な物語

『熱波』(ミゲル・ゴメス監督/ポルトガル、二〇一三年公開)

これほど完璧なまでに「楽園」を描いた作品を観たことがない。出だしからもう息をするのも苦しくて、胸の奥底から押し寄せる感情の波が、ピアノのメロディに合わせて溢れ上がる。本作が人生のベスト3に入ることは間違いない。ベスト1かもしれない。とにかくここまで涙が止まらない映画に出合ったのは久しぶりのことだった。からだのあらゆるところを刺激されて、震え、この物語にのめり込んでいた。映画においてそういう希有な体験を一番初めにしたのはチャップリンの『ライムライト』(一九五二年)だった。まだ子供だった私は、一瞬でその映画の虜になった。ひと目惚れだった。それまでにも映画を観たことはもちろんあったけれど、映画を観るという体験が何かを、初めて肌で感じたのはそのときだった。奇しくも両作品ともモノクロ映画だ。

本作の構成はちょっと変わったものになっている。「楽園の喪失」そして「楽園」という二部構成だ。この二部にはかなりの温度差がある。第一部にはピラール(テレーザ・マドルーガ)という敬虔なカトリック信者の女性と、その隣人のアウロラ(ラウラ・ソヴェラル)と使用人のサンタ(イザベル・カルドーゾ)という三人の女性たちが登場する。主にピラールの生活を中心にして、隣人に悩まされたり、面倒な大人たちに振り回されたりしながらも、病に倒れたアウロラが最後に会いたいと言ったベントゥーラ(エンリエ・エスピリト・サント)という男を捜し出す。「楽園の喪失」というタイトルが付けられていることを最初は疑問に思った。一体何を喪失したというのだろうか。この章ではアウロラの死が描かれており、ベントゥーラとはついに出会えなかった。彼女の死そのものによって、楽園は喪失されてしまったことになるのではないだろうか。ひとりの人間の死によって、ひとつ記憶が消えてしまうということにおいてである。

第二部はサイレントの手法を用いていて、語り手が物語を語る構成になっている。他人である以上、記憶はそれぞれのなかに存在していても、時間が経つにつれて別の物語になり変わる。記憶はいかようにも美しく語ることも、都合よく編集することもできる。同じ物語を抱えた人間が同じ世のなかに同時に存在しているというのは、奇跡に等しい。妄想気味だと一部で描かれたアウロラが語り手であるならば、ある意味とてもわかりやすいがベントゥーラの声で語られる。しかし語り手が誰であるかは重要ではないのだ。なぜなら、そこで語られるのは完璧な物語であって、誰が語っても意味が変わることはない、完成系の記憶であるからだ。ベントゥーラ（カルロト・コッタ）とアウロラ（アナ・モレイラ）の記憶は一致していた——それこそ楽園なのである。

これはアウロラの記憶であり、ベントゥーラの記憶である。それが語られ、私たちは物語の詳細を知ることができる。ふたりはそれぞれ別々の生活を送りながら、共通した場所に生きていた。楽園という場所である。彼に、彼女に出会ってしまってからの人生はすべてが色薄く見えたに違いない。楽園という恍惚の麻薬ゆえに。懐かしさはザ・ロネッツの「Be my baby」によって掻き立てられる。六〇年代独特の大人びた若者たち、少し過剰で感じやすく、恋が生きるすべての根源だった頃と植民地時代。生命の誕生と未知なる力を潜ませたアフリカという地での出会いは物語に対する想像力を膨らませてくれる。

壮絶な恋は人を殺してしまうと思っている私にとって、ふたりが長く生きていたという事実が描かれていることは救いだった。もしこんな恋をしたら、生きてはいけないような気がする。五十年……想像を絶するような長い年月だ。監督自身も語っていることだが、消えてしまったものや幻想、亡霊といった映画のなかでしか存在しえないものについての映画なのだ。過去は色あせることなく、姿を変えることなく存在しうる。「最後に一目、会いたい人」というのがこの映画のキャッチコピーとなっている。死ぬ間際に何を思い出すだろうか。この上質なメロドラマに安心して身を預ければ、私たちはアウロラやベントゥーラのように、迸る記憶を体験することができるだろう。あまりの情熱的な想いに驚愕するに違いない。この映画には人間の抱えうるすべての感情が描かれている。あまり美しすぎて、壮絶だ。ミゲル・ゴメス監督には今後も注目していきたい。非の打ちどころのない、完璧な物語とは本作のことである。まだ、胸の震えが止まらない。

女は一人が似合わない

『夏の終り』（熊切和嘉監督／日本、二〇一三年公開）

わがままな人にどうしようもない美しさを感じる。わがままな人、いや結果的に、わがままでいるしかない人。あれこれと考え悩んでも、結局はそうでしかいられない人。未完成であやうい。

『夏の終り』は瀬戸内寂聴（瀬戸内晴美時代）の同名小説で、作家自身の実体験をもとに描かれた作品である。二〇一三年で小説の出版から五十周年を迎えた。かつてこの小説のもとになった体験は『女の一代記』というテレビシリーズで宮沢りえ主演でドラマ化された。今回の映画は原作者自身も認めるほど原作に近いと絶賛されている。舞台は昭和三十年代の東京-横浜であるが、時代と土地を再現するのに兵庫県加古川・淡路島がロケ地に選ばれた。

ひとりの女と彼女を愛するふたりの男の物語だが、現代において、もはやセンセーショナルな恋ではないかもしれないが、現代でもまったくもって古びていないことのほうにむしろ感激する。女というのはひとりが似合わない生き物である。映画のなかで色男が落ちぶれていく様はそれだけで物語としての情緒があるが、女が墜ちていく様というのはどこか痛々しい。女の美しさは男という目があってこそ美しくなる。それは男の美というものが、ある種の完成系として成り立つがゆえだ。特に彫刻を見ているとたびたびそのように思う。入り込む余地がないくらいに、男の美は変わらない。女はそうではない。過去も未来も内包させてこそ女の色気を初めて感じる。日に日に変わってゆくことで女は女になってゆく。

知子の場合、恋愛において自由奔放ではあるが、主導権を握っているかというとそういうことではない。ふたりの男はそれぞれのやり方で知子という女を美しく見せ、彼女は翻弄されることにさえ快感を見いだしたように、男の間を行き来する。迷う、というよりも、彷徨う。愛することや愛されることに忠実で、そのためにはずるく、傲慢だ。安定した生活も行き場のわからない情熱も何もかもが心を落ちつかせてなどくれない。彼女を安心させるものなどどこにもないのだ。

妻子ある年上の作家・慎吾を演じた小林薫の揺るぎなき存在感は、ひとり年齢が上なこともあり、ほかのふたりに比べ、ほぼ絶叫シーンがないなかで凛とした大人の色気を醸し出す。許容でもなく、諦めでもなく、すべてを受け容れるには脆い、言葉にはしがたいが何かを訴えかける絶妙な表現力で、この映画に厚みを与えていた。慎吾の前では知子は本当に可愛い女に見える。静かに見守りながらも自らの身を守る言い方と声。また、綾野剛演じる涼太の真っ直ぐで恨みがましくも、奥底から光るような目力は心を打つものがあった。知子を演じる満島ひかりが、涼太に対して慎吾への愛を告げるシーンは特に生々しくて目を奪われた。

浮かび上がってくるのは、恋愛の三角関係というものよりも、女そのものについて描かれているということだった。彷徨うことしかできずにそれでも必死に生きようともがく女の物語。そして彼女を美しく見せるための物語、なのである。そういう意味で正しく男と女の物語だった。男の使命のひとつは女を美しく見せることだから。途中、この恋の終焉とは何だろうと疑問に思った。夏は終わっても、一度出会った者同士が簡単に人間関係を終わらせる必要はない。それは人間の弱さかもしれないが、それをずるさだとは感じない。

『海炭市叙景』(二〇一〇年)でも音楽を担当したジム・オルークが今回もすべての楽曲を担当している。汗の一滴までにも音楽が絡み合っていて素晴らしかった。派手ではないが華やかさが香り、さわやかな風がかけぬける。

真っ直ぐな澱みのない怒りは美しい

『百円の恋』（武正晴監督／日本、二〇一四年公開）

斎藤一子、三十二歳。新たなるヒロインは目映いライトとチープなBGMとともに鮮烈にリングに登場してみせる。そしてゴングとともに激しいパンチ、パンチ、パンチ。直視しがたいスピードと迫力を伴って一子はひたすら殴り続ける。パンチを浴びせられるのは、もちろん、観客だ。彼女のパンチをすべて交わすことなどできるはずもない。当たれば当然、痛い。

昭和が匂うような懐かしさに包まれながらも、何か、これまでに見たことのない新しいものを見ているような斬新さが漂ってくる。それに妙にどっしりとした安定感。これは一体、何なのだろう、と不思議な感覚に陥っていると、また一子にパンチを食らわせられる。ノックアウト。本作は第一回「松田優作賞」でグランプリを獲得した足立紳の脚本を映画化したものだ。

怒りに満ちた若者の姿は、かつてから青春物語のなかで描かれてきた。取り憑かれたように何かに怒り、火花を散らして電流の迸るほど殺気立った様子。怒りの方向は様々で、今回のようにスポーツというかたちで昇華する場合もあれば、革命、芸術から、殺人にまで発展する場合もある。しかし、それは多くの場合ヒロイン像ではなくヒーロー像ではなかっただろうか？　一子を演じる安藤サクラは何より目つきがいい。鋭さと色気と眠気のすべてがある。そんな彼女の存在感は、それまでのヒロイン像の変化形ではなく、ヒーロー像をも乗っ取ってしまったのである。

実家暮らしで自堕落な生活を送っていたが、離婚して子供を連れて帰ってきた妹（早織）と衝突し、一子は家を出る。よく行っていた百円ショップの店員となるが、そこにいるのは、問題アリな人間たちばかりだ。近所のボクシングジムでストイックに練習している狩野（新井浩文）に淡い恋心を抱いている一子は、ひょんなことから狩野と知り合いになる。このストイックだが挫折した中年ボクサーのダメ男っぷりは本当に素晴らしい。数多く日本映画に出演している新井浩文だが、本作は今まで観たなかで最も魅力的な役だと言っても過言ではない。

古い映画を観ていると、実年齢よりもずっと上に見える俳優が不思議と多い。驚くほどに大人びているのだ。しかし、本作で一子は全力で「若さ」を体現している。三十二歳という年齢には妙なリアリティがある。現代において、個人差はあるにせよ、労働や結婚に対する社会的な基準に意識が囚われやすい時期だ。「若さ」を象徴する年齢ではない。昔確かにあった「大人像」は崩壊しているのだ。百円ショップに集まる「底辺」と呼ばれる人々のことを、単純に「底辺」とは切り捨てられない気もする。他人事だとは言えない何かがこの映画にはあるのだ。一子もだらだらと向上心や計画性もなく人生を送ってきたとはいえ、自身のことを「百円程度しか価値のない女」と皮肉まじりに自覚はしている。

今まで時代や国に限らず、ヒロイン像の魅力について考えてきたときに、そこには必ずと言っていいほど、女であるがゆえのトラウマだったり自意識であったりが根底に存在した。しかし一子にはそんなものはない。だらけた生活で何となく溜まった怒りが、ちょっと家から出て外の世界と関わりを持ったことで爆発するのだ。処女を強引にかっさらってゆくバイト先の店員も、若い豆腐屋の女に乗り換える裏切り者の狩野も、もともと爆弾のように怒りの熱を持っていた一子に余計な刺激を与えて加速させてしまったにすぎない。一子をボクシングへと駆り立てるものは、誰かに対する個人的な恨みやトラウマなどではない。この真っ直ぐで澱みのない怒りは美しい。ひたすら自身と世界に向けられた怒りは、同時に一子のたるんでいた肉体から余計なものをあっという間に削ぎ落としてゆく。見事なまでの変貌ぶりは、自己の殻を破るような単なるヒロインの成長物語には留まらない。

一子と狩野の恋の行方は本当に素晴らしかった。好きになる理由もエピソードも多くは語られていないが、温度差があったふたりの感情が見事に一致してゆく、軽やかな一瞬の移り変わりは、直視せずにはもったいない。ラストシーンのふたりの様子は、それまで、ヒーローの役割までも背負ったニューヒロインとして奮闘してきた一子が、新たなヒロイン像を確固たるものにした瞬間だった。この恋は決して安くない。

錯覚を感じさせる繰り返しの美学

『ジェラシー』(フィリップ・ガレル監督／フランス、二〇一四年公開)

フィリップ・ガレルの作品からはなぜか、石のような印象を受ける。まだ磨かれておらず、ざらざらとして、しかしそれを手に入れてポケットに入れて持ち帰りたいという欲望が湧いてくるような、そういった印象。人がいて、言葉があって、いつの間にか物語があって、洗練されているというよりは、極めてシンプル。だがとても緻密に入り組んでいて、ややこしくさえ見えることもある。35ミリで撮影された美しいモノクロームで綴られた愛の記憶が、私的であり詩的に語られる。

『ジェラシー』では「木炭画のような」画を撮りたいとフィリップ・ガレルは語っていた。家族、あるいは恋人たちをはじめとした近しい人物たちとのやり取りから生まれてくるフィリップ・ガレルの映画は常に生々しさに寄り添っている。本作では年齢の離れた男女四人が脚本を担当しているが(そのうちの一人は妻のキャロリーヌ・ドリュアス)、ある種偏りのない(映画全体は常に偏っているが)台詞の連鎖は軽やかで凄まじくもある。説明がいらないということは、逆に言えば余計なことだけを書けば本質が伝わってしまうということでもあるのだ。

フィリップ・ガレルにとって、ルイ・ガレルを手に入れたことはどれだけ大きな喜びだったろうか。俳優として、そして自身の息子として彼を育ててきた距離感は到底一元的に語ることはできない。これまでも実父である俳優のモーリス・ガレルと多く仕事してきたフィリップ・ガレルが、両親のことを題材に、息子を実父の役で起用したことは非常に興味深く、フィリップ・ガレルという映画監督の文脈で語られるならば、自然である以外の何ものでもない。本作ではルイの実妹のエステルも妹役で出演している。自身の過去の出来事から多く影響を受けたという作品の数々には、繰り返しの美学が佇んでいる。終わらないガレルの愛、終わらないガレルの血、それは常に反復の錯覚を催させる。

『恋人たちの失われた革命』(二〇〇五年)以降、フィリップ・ガレルの分身としてルイは何度も何度も映画のなかで死を繰り返してきた。あまりに瞬間的にあっけなく死んでしまう喪失感と同時に、永久に保存されるであろう愛や時代を思って安堵した。ルイの極めて映画的な顔は、妙な説得力がある。それは顔や立ち居振る舞いに内包された圧倒的な情報量の多さでもある。ベルナルド・ベルトルッチ、クリストフ・オノレをはじめグザヴィエ・ドランに至るまでもが、ルイを起用したいと思うはずである。現在なお、フィリップ・ガレルが多作であり続けるのもルイという存在の大きさではないだろうか。まさに「私は天使を得た」のである。

神の愛でもない限り、おそらく「ジェラシー」を感じない愛などありえない。これまでの作品のいくつかとも共通する、才能豊かで情熱的かつ冷淡な美しい女と愛に溺れる男は、自身のことのみならず父親の代から脈々と受け継がれているようで、それもこのモノクロームの愛憎劇のなかでは軽やかな洒落っ気になる。子供じみて、どうしようもない恋愛——それに振り回されることのない妹のクールさも、大人びた娘＝幼きフィリップ・ガレルの言動も、恋愛を前にはネガティブな要素になりかねない。折り合いをつけるどころか、平気で戯れる。恋人のクローディア（アナ・ムグラリス）との悪化の原因ともなった貧しさと、突然提案された広い部屋、演劇仲間の会話に心底つまらなそうな顔をする恋人、愛に溺れながらも映画館でのささやかな浮気、娘と恋人がキャンディーを巡って結託するシーン、そしてバカバカしささえ漂う自殺未遂……。そう、父であるルイを殺すわけにはならないのだ。愛がシンプルなものでしかないがゆえに、ややこしく、入り組んでしまうことを、どのシーンを切り取っても立証している。なめらかではない、ざらついた、しかしどこまでも愛おしい。時折直に触れて、手のなかで、指先でその触感を味わいたいと思う。自身の人生と密接な作品を作り続けようとするフィリップ・ガレルの姿勢と、愛した者たちへの並々ならぬ尊敬の念には、いつだって見蕩れるばかりだ。

生きて、恋するというミッション

『野のななのか』（大林宣彦監督／日本、二〇一四年）

情念を目の当たりにすると人は動けなくなる。感情の塊は、あまりに大きくなるとそれが何を意味するのか一瞬わからなくなるからかもしれない。

大林宣彦監督の商業デビュー作品『ハウス』(一九七七年)で描かれた少女たちは美しさと危うさと純粋さゆえにおそろしく、初めて観たのは確か中学生の頃だったと思うが、すっかり私のトラウマ映画のひとつになってしまった(邦画ベストに入るということ)。大林映画にはいろいろな意味で慣れていたつもりだが、前作『この空の花　長岡花火物語』(二〇一二年)が衝撃が大きすぎて、どうしていいものか蟹のように右往左往してしまった。右往左往しながらも非常に興奮していた。3・11以降に感じるすべてのことが言語化できないままにいた折に、何かひとつの答えと向き合えるのではないかという期待を胸に抱いたということもある。そして戦争に向かいつつあると感じざるをえないこの時代に、芸術で闘うというひとつの突破口を具体的に示してくれたようにも感じたのだった。

この物語は鈴木光男(品川徹)というひとりの男の死から始まる。普段は集まることも滅多にない親戚たちが光男の死と向かい合い、奇妙な運命を巡り、吸引されていく。それは動き始めた時間だった。誰かの死を体験することは、自分自身の生の体験にほかならない。タイトルの「野のななのか」は四十九日を意味する。死を見つめるという言葉では弱すぎる。登場人物たちも疑問に思うように、人と人との「つながり」は「しばり」なのか。「誰かの代わりに生まれ、誰かの代わりに死んでいく」というこのテーマは「つながり」を単なる連帯感には落とし込まない。

そしてこの物語のなかには実に様々な恋が出てくる。恋は他者と他者を繋ぐ希望だ。突き動かす性への欲望でもある。恋はロマンチックではあると同時に、血なまぐさくもある。愛することひとつだけで人は感情の多くを知るだろう。人生のなかで、たったひとつ語るべき、愛する人への念。光男の恋は、自身の死をもって止まっていた時を動かし始めた。本作のキーパーソンになる、信子(常盤貴子)と綾乃(安達祐実)というふたりの少女はどこでもない時間のなかをぐるぐると彷徨い、本来出会うはずはなかった。しかしふたりは中原中也の詩を通して繋がっている。どこからやってきて、どこに行くのか不可思議な信子の存在は奥深くミステリアスで、親戚たちにも静かな動揺を与える。彼女は光男の今際の際に「まだ、間に合いますか?」という言葉でふいに現れた。単なる過去の記憶ではないからだ。かつて光男は信子の絵を書き続けた。

戦時中、芸術や恋は冷視された(現代だっていってしまえば同じようなものだ)。だが芸術や恋を真っ向から描いているのは、どれほど生きることへの勝利宣言であるだろうか。自分が本当に大切な人は誰なのか、誰に自分の人生を語り継ぎたいと思うのか、そう思う人の顔が自ずと浮かんでくるだろう。

北海道、芦別市——星降る町で境界のない人間たちが織りなす、情念の巡り。過去でも未来でもない、捉われない時間の流れはノスタルジーでも懐古でも未来への無責任な希望でもない。ただ人が、人々がそこにいるということ、念があるという、永遠性である。言葉(台詞)の量は単なる情報ではない。伝えねばならないこととしてすべての言葉が必要なのだ。技術を圧倒的に超越した熱量が画面から迫ってくる。伝えるということの一点においてしごくストイックであり、説明や語りを過剰にされることで逆に映画の世界に取り込まれてしまうのであった。光男の結婚は恋としては望みに到達していなかったかもしれないが、人が生まれ、家族ができることで「つながり」が生まれた。語り継ぐという重要な役割を担うことになった。人は日に日に死に近づいていくが、生きている間はどの愛も平等であり、死にゆくことを体感することでより一層年齢や肉体からは解放されるのかもしれない。

どうも今の日本に情念があちこちに浮いているような気がしてならない。生きよ、恋せよ、生きよ！　そんな重要なミッションを与えられたように感じた。この時代に本作を観ることに確実に意味がある。この映画を客観視する必要など、どこにもないのだ。

恋愛の一方通行性

『胸騒ぎの恋人』（グザヴィエ・ドラン監督／カナダ、二〇一四年公開）

運命的なんてことが存在するかどうかはわからない。大体の場合はあとづけでそう感じてしまうだけにすぎない。それでもそのように感じさせてしまうほどに、心の奥深くに一瞬でもぐりこみ、わしづかみ、離さないような目をした人間というのは確かにいる。見つめられるだけでこの上なく幸せにも感じられ、とてつもなく辛いような気持ちにもさせる。これこそが恋だったのかと、まるで初めて恋に落ちたような感覚を呼び起こす天使のような目をした人。みんなきっとその人のことが好きになる。嫌いになりようがない。愛される才能を生まれつき与えられたかのような、愛することそのものに愛されてしまった人間なのだから、愛することを必死で愛そうとする人間には到底かなわない。

ジャン・コクトーの小説『恐るべき子供たち』に登場するダルジュロスのように、性別を持たずに美しい存在として佇むニコラ(ニールス・シュナイダー)と、無条件に彼を愛してしまった男と女。出会った瞬間に、すべてを奪われたと言ってもいい。もともと仲のよかったマリー(モニカ・ショクリ)とフランソワ(グザヴィエ・ドラン)は互いの気持ちがわかるほどに近い関係だった。だから似た者同士の彼らが、揃ってニコラに惹かれたこともごく自然なことだった。派手な衣装を着て、香水を振り、ニコラからのお茶の誘いに喜ぶふたりだったが、ふたりきりではないことを知ってどこか嫉妬し合う。そんなふたりの気持ちを知ってか知らずか、当たり前のようにニコラは愛想をふりまく。まるで彼が通るだけで愛の粉がそこらじゅうにちりばめられているかのようなのだ。そんなある種の人間離れした妖精的ポジションを与えられたニコラ。マリー、フランソワとの関係性がうまくいくわけがないだろうことは目に見えている。三人で眠り、三人で旅に出ても、それが完成された関係性のように一瞬は見え、すぐに崩壊する。

一方で、過剰な愛、恋愛の一方通行性、うまくいかなかった恋を語る若者たちがドキュメンタリー風に映し出される。語るという時点ですでに客観視しており、自虐的でもある。愛にのめり込みたいと思っているふたりの若者とは対照的に、こんこんと「失敗」が語られる。

フランソワ・トリュフォーの『突然炎のごとく（ジュールとジム）』（一九六二年）のように、あるいはベルナルド・ベルトルッチの『ドリーマーズ』（二〇〇三年）のように、文学にかぶれ、知性に憧れ、新しい可能性を三人という関係性に見出そうとしたかといえば違う。ただひとりの天使に強く惹かれた男と女。ニコラは三人でも完結せず、もっと広く多くの人間に対しての彼でないと、自身の存在意義を見出せない。ファンタジックすぎてまるで心がないかのごとく、残酷ささえも帯びている美しい彼は、どんな感情を抱えて生きているのかもわからない。作品内にも登場するコクトーのデッサンやギリシア彫刻は、実によくニコラに似ている。唯一出てくる自由奔放なダンサーの母親と、普段離れているがゆえに強く結ばれているだろうことだけは伝わってくる。事実、マリーとフランソワが唯一、心から嫉妬する相手はこの母親なのだ。

ある日、マリーとフランソワはそれぞれニコラに愛の告白をする。フランソワには「ぼくはゲイではない」と一蹴し、マリーの愛の詩には返事さえしない。久しぶりに出会った彼は、一瞬は愛想をふりまくものの、いつでも誰かに愛されすぎて、まるで愛に興味を失くしてしまったかのようなつまらなそうな顔をする。そんな彼の目は人を傷つける。再会したマリーとフランソワはまるで子供のように、かつて心奪われた相手を威嚇し、冷たい目で見ることしかできない。

まだ愛とは何かも知らず、恋に恋する子供のような男と女。恋に恋され、これが運命だと信じさせてしまう魔力を知らずに持つ性別のない存在。ルキノ・ヴィスコンティ監督の『ベニスに死す』（一九七一年）にも、美しい少年タージオに理想の美を見出し取り憑かれたようになる、ダーク・ボガード演じる初老の男が出てくる。彼もまた子供のように、美しさだけを愛する無垢な目をする。タージオもまた性別のない存在だ。こちらでは眠気を誘うほどに優美なマーラー交響曲五番が流れるが、ドランの場合は流れてくるのは昭和の香り漂うフレンチ歌謡 Dalida の「Bang Bang」だ。

三人が三人ともに幼稚さがある。未分類の人間を前に大人になることをまるで拒むかのようだ。マリーとフランソワは新しい天使を見つける。一瞬しか出てこないが、その新しき天使を演じるのはあのルイ・ガレル（『ドリーマーズ』にも登場）なのである。ほんの一瞬だが、すぐに目を奪われる。愛する者は傷つきながらも、克服するかのように新しい出会いに移りゆく。常に誰かから愛されすぎるニコラの孤独が突き刺さる。

かつて革命前の幸福な光を宿した目

『サイの季節』（バフマン・ゴバディ監督／イラク、トルコ、二〇一五年公開）

モニカ・ベルッチ演じるミナの瞳の光に惹き付けられ、じっと見つめていたいように思う一方で、その光が止まってしまった時代のものであると気づいて、ぞっとする。一九七九年に勃発したイラン革命とともに、ひとりの女とふたりの男の運命は大きく変わってしまった。

詩人として成功を収めていたサヘル（ベヘローズ・ヴォスギー）と司令官の娘で美しいミナの夫婦、

そして雇われ運転手のアクバル（ユルマズ・エルドガン）。アクバルが雇い主への歪んだ愛情を爆発させてしまったのは、革命前における自身の肩身の狭さと抑圧された環境への恨みからだろうか。そうでなければ三十年という長い年月を経た後もなお、この夫婦に粘着し続けることはなかったのではないか。嫉妬と抑圧が、一組の夫婦を引き裂き、時間を止めてしまったのだ。革命前、後部座席で寄り添って座る夫婦と真っすぐに前を見据える運転手という、三人が車のなかにいる構図はこの映画の初めから終わりまで、変わることなく彼らの人間関係を象徴している。

アクバルの企みによって、革命とともにクルド系詩人サヘルと妻のミナは、反体制的な詩を書いたという理由で捉えられ犯罪者に仕立て上げられてしまう。それから三十年にも及ぶ監禁と拷問の日々が続く。十年後にミナは獄中で生んだ子供とともに先に釈放されるが、告げられたのは夫の死であった。いつか再び夫と寄り添って暮らすことを夢見て動いていたであろう時間も再び止まってしまう。彼女の目は決して死んではいないが、焼き付いた光は革命前の幸福だった頃のもので、新しい光には照らされていない。亡き者とされた夫のサヘルは、しかし三十年後に、生き抜いてようやく釈放される。そして彼は自分が死者とされてしまったことを知る。妻の現在を探り、近づこうとするが帰る場所もない、まるでさまよう魂そのものだ。監督自身、クルド系の作家で、前作『ペルシャ猫を誰も知らない』（二〇〇九年）制作後、亡命を余儀なくされ世界を転々としたという。本作はそのような状況下で製作された。

それぞれの交差する記憶を綴る圧倒的な映像は、過去を決して美化することなく、諦めずに、死なず信念を持ち続けてきた強さを映し出す。革命の暴力性によって止まってしまった精神と、それでも流れる時間のなかで、誰も変わらずにいる。夫婦は愛し合い、アクバルはなおミナを思い続ける。決して振り向くことがないのに。この変わることなきそれぞれの愛情を美しいとも捉えられるが、反面でとても恐ろしいものに感じられる。どうしてそこまで強くいられるのだろうか。今の環境を受け容れて少しでも楽な方に向かってしまうのは決して罪なことではなく、むしろ長い年月のなかで自然なことなのではないか。それでも誰ひとりとして変わらず、それぞれが抱えた愛情を裏切ろうとはしなかった。革命により人生を翻弄されても、変わらずに居続ける。それでもどうしても悲劇的だと感じざるをえないのは、彼ら個人の感情と強さとは裏腹に、本当に望むことは何一つとして手に入れられない、成就できない環境ばかりがあるからだ。それは新しい世代を生きようとする子供たちにも影を落とす。ミナの子供たちは決して投げやりになってはいないが(むしろけなげなくらいに母を助けようと、娼婦まがいなことをして稼ぎながらヨーロッパへの脱出を試みる)、それまでと環境が変わったときにはふいにイスタンブールでの出来事を辛いものとして思い出すかもしれない。

ミナは彫り師として生計を立てていた。愛した夫の言葉を彫るのだ。詩は拠り所になり、ふたりの精神世界をつなぐ。時間は止まってしまっても、唯一動いているのが詩の世界での対話なのだ。ミナの瞳に光は刻まれなくとも、他者の身体に言葉を刻む。言葉を刻むのは、既に亡くなったとされている夫への弔いと、尊敬と、誓いと、布教。そして自らの身に起こってしまった許されない罪への懺悔である。それぞれの強い念が、三人の変わることなき、あの車のなかでの構図を保ち続ける。この物語の結末はやはり車のなかで迎えられる。もう、後部座席には誰もいない。関係図は変わってしまったのだ。いや、変えざるをえなかったのだ。それは果たして悲劇的な結末なのだろうか。これ以上なす術もなく、言葉なく、もとあった場所へ還るように、ゆっくりと沈んでいく。

起こってしまったことは消えることはないが、優雅に消えてゆく様は死者とされた男にしかできない選択だ。死者とみなされるのなら死神にでもなればいい、無言のなかにそんな声を感じ取る。『サイの季節』というタイトルはサヘルの詩から取られた。イメージが交差し折り重なる映像のなかで、大地の苦渋を舐めるサイが、海のなかに沈み、それがまるで宇宙に浮かんでいるように見えたとき、私はそれを救いの象徴であると信じたかった。ミナの目に、新たな時間の光が宿ることを密かに祈りながら。

匂い立つ絶望と希望

『そこのみにて光輝く』(呉美保監督/日本、二〇一四年公開)

この映画はとにかく匂い立つ。

仕事も辞め、ふらふらと生きる達夫(綾野剛)が、パチンコ屋でライターを貸したことがきっかけで拓児（菅田将暉）と出会う。妙に懐いてくる拓児に家に招かれ、ついていくと海辺に建つバラックのような家だった。そこには認知症の父親（田村泰二郎）と働かない母親（伊佐山ひろ子）、姉の千夏（池脇千鶴）が暮らしていた。

千鶴は家族を支えるために、昼間は工場で働き、夜は売春、そして拓児の上司・中島（高橋和也）の愛人となって金を稼いでいた。父親は薬の副作用もあって性欲が強くなり、母親は日々、感情もなく父親の性処理をする。弟は素直だが短気で、事件を起こして仮釈放中。どこにも希望の光など見えない生活だった。達夫と千夏は互いに心惹かれていくが、生活のために嫌な仕事を続ける千夏に対してどうすることもできなかった。達夫は過去に、仕事の事故で後輩を亡くし、そのトラウマから山で働くことを拒んでいた。千夏への愛情が高まるにつれ、やがて達夫は働くことを決意し、千夏と家族をつくりたいと望む。

どこを向いても憂鬱で光なんて見えず、家でも仕事でも、負の連鎖が千夏に襲いかかる。閉塞感に包まれ、身動きができない状態だ。何のために生きているのかなど、もう考えることさえやめて、ただ生きているだけ。貧しさと暴力は簡単に結びつく。そして生まれた環境と、脈々と流れる血を呪いたくなるほどに嫌悪感を募らせていく。千夏はやめてしまったのだ。愛することも、愛されることも。そして追いかけてくる悲惨な日常から逃げることさえも。達夫と出会い、海に入るシーンはまるで入水自殺するかのようだ。しかしそのときに達夫は彼女を救おうとする。あの最初のキスシーンは、一緒に心中するのではなく一緒に生きていこうとする決意だ。もちろん、出会ったばかりのふたりがまだどうなるかなんて本人たちもわかっていない情況だ。だが出会った瞬間に惹かれ、痛みを知る者同士、ふたりはわかり合ってしまったのだ。

自分なんかと一緒にいたって幸せになんかなれるはずがないと卑下する気持ちから逃れられない千夏と達夫の愛情表現は見ていて辛くなる。千夏は信じてみたいと願いつつも、信じることを恐れている。野良猫のような目をしていた達夫は、千夏と出会ったことで少しずつ表情に柔らかさを見せる。達夫は自ら喋るタイプではない。静かで、口数も少ない。対照的に拓児はまったく落ち着きがなく、人を苛立たせるほどずっと喚くように喋り続け、育ちの悪さを感じさせる。反面、一度餌をあげたらずっとついてくる子犬のように、懐いて慕ってくる。

この映画が匂い立つのは、閉塞感によって空気が淀んでいるからだろうか。隙間だらけのバラックなのに、空気が流れていかない。止まってしまった時間のなかで生きるような生活。まさに底だ。しかし達夫が現れ、少しだけ空気の流れが変わる。中島が千夏の生活に新しい空気の流れを作ることはない。外でしか会わないからだ。自分の性欲のはけ口でしかなく、平気で人を物のように扱う。他の男たちもそうだったのだろう。しかし最初から達夫は家のなかと外を行ったり来たりする。このバラックを行き来するから空気が変わり、匂い立つ。海の匂い、朝の匂い、血の匂い、光の匂い……。千夏の生活感のある肉体も、達夫の常に二日酔い気味の目元(実際に綾野剛は役作りのためにお酒を浴びるように飲んで撮影に挑んだそうだ)も色気がある。やはりそこからは女の匂い、酒の匂いも漂ってきそうだ。画面のなかでいろんな匂いが混ざり合っている。ＡＴＧ映画を彷彿とさせる何ともたまらない匂いだ。

達夫の愛情を思うと、中島との関係を続けることに嫌気が差した千夏。拓児の仮釈放を取り消すと脅され、レイプされるシーンの悲惨さは救いようがない。そして姉の情況を知り、頭に血が上った拓児は、暴力という手段でしか中島に抗えない。無力さが痛ましい。底から抜け出すことなど、とうていできないかのような錯覚を覚えるが、それを上回る達夫と千夏の強い結びつきが希望の光だ。光り輝くそこはふたりの間にある。

この作品は佐藤泰志の小説が原作である。自ら命を絶った彼の死後、長らく絶版となっていたが、佐藤に対する評価は高まり『海炭市叙景』(熊切和嘉監督、二〇一〇年)、『オーバー・フェンス』(山下敦弘監督、二〇一六年)と、函館三部作が映画化となった。呉美保監督はこの過酷な物語に光と匂いと色を与えた。原作に対する深い敬意を感じさせる。

悶絶という芳醇な香りのする名作

『暮れ逢い』(パトリス・ルコント監督/フランス、ベルギー、二〇一四年公開)

第一次世界大戦が始まる二年前の一九一二年のドイツ。カール・ホフマイスター(アラン・リックマン)の営む鉄鋼業の会社に、大学を首席で卒業した若くて優秀なフレドリック・ザイツ(リチャード・マッデン)が入ってきた。彼は次々に仕事をこなし、社長に認められ、街に恋人を残したままホフマイスターの自宅に住み込みの個人秘書となる。ホフマイスターの妻シャーロット(レベッカ・ホール)はピアノが上手で「悲愴」をよく奏でる、明るくて魅惑的な女性だった。

やがて、仕事だけでなく時間を作ってホフマイスターの子供オットーの家庭教師となり、病気のホフマイスターの代わりに子供と三人で出かけ、オペラのエスコートをもする。自然とフレドリックとシャーロットはお互いのことを意識し始めるが、もちろんそんなことを明かせる情況ではなかった。会社の経営のためにザイツはメキシコでの新規事業計画を提案する。ザイツはホフマイスターから二年の出向を命じられる。互いの想いから悲観に暮れるが、変わらぬ愛を誓い離ればなれになっても文通を続けるふたり。戦争の影によって文通の手段も断たれ、二年が過ぎ、やがて六年が過ぎようとしていた。

大きなお屋敷に、若い男がやってきて、若くて美しい社長夫人と年老いた男がいたら、若いふたりが恋に落ちるのはむしろ自然なことだ。そう言いきっていいくらいに展開は予想ができるのだが、この作品を面白くしている要素は三つあって、ひとつは徹底したプラトニックラブ、ふたつ目はあまりに長い年月、そして三つ目はすべてお見通しの夫ホフマイスターの視線である。

オペラのエスコートをした帰り、ついに気持ちをもう隠せないとザイツがシャーロットに愛を告げるも、勘違いしないで、とシャットアウトされる。ショックを受けるが、すぐにメキシコ行きが発覚し、シャーロットがそんなの耐えられないと言ったことでお互いの愛を確認する。それでもこのふたりは毎日同じ家にいながらそれ以上のことはない。ふたりはそれぞれ違った意味でホフマイスターに感謝の念を抱いており、決して裏切るようなことはしたくないと思っている。ザイツは思いつきで子供と三人でメキシコに行こうと誘うものの、変わらぬ愛を誓い二年後に結ばれる約束をする。この徹底したプラトニックな関係が、ちょっとしたふたりの仕草に色気を増す。

これだけでもう十分にじれったくはあるのだが、戦争という大きな力により唯一の連絡手段だった手紙も届かなくなる。手紙はメールと違って直接その相手の肌に触れたものだ。相手のにおいが染み込み、相手が実際にそこに生きている証拠にもなる。それが断たれ、お互いの安否もわからないままに月日が過ぎていく。途中ホフマイスターは亡くなり、オットーは寄宿学校へ行く。広いお屋敷で記憶と戯れるようになったシャーロットの、諦めにも似た表情が美しい。しかしあまりに年月が長すぎて、恋し輝くシャーロットはいなくなり、枯れた魅力が出てくる。

そしてホフマイスターの目である。彼は自身が病気だったこともあり、信頼するザイツに、完全に夫の役割さえもお願いしていたわけだ。自分が本来すべきことを任せていた。だから当然のようにふたりが惹かれ合うことは予想していただろう。身体が動かなくなった自分の代わりに、セックス以外の夫の役割を任せていたのだ。

ザイツを見つめる生き生きとした妻の目を見て、ホフマイスターは妻の愛を感じ取る。ちょっと歪んではいるが、その老境の変態的な視線が、ホフマイスター自身に生きる力を与える。彼は自分のつくり出した恋物語に嫉妬することで参加する。そして苦しみ、やがて死を覚悟した病床でシャーロットに「お前は私を愛してくれたが、私よりもフレドリックをもっと愛していた。嫉妬から一緒になることを邪魔してしまい申し訳なかった」と告げる。このホフマイスターを演じるアラン・リックマンが本作のなかで最も色気がある。彼という装置があったからこそ、シャーロットとフレドリックは感情任せの不倫に走ることなく、長く想いを成熟させて再び出会うことができるのだ。ホフマイスター自身も戦争によってこんなにもザイツと離ればなれになることはないと思っていたのだろう。妻への告白はその後悔から出たものだ。

悶々としすぎた恋。会えない時間が長すぎると、それまで育ってきた愛もだんだん透明になっていく。冷めて消えてしまうのではなく、あるのが当たり前になって考えなくなるのだ。プラトニックな関係のままのふたりは再会した瞬間、しかし見事な変貌を遂げる。屋敷で歩み寄り見つめ合うシーンは、まるで何十年も長いあいだ寄り添ってきた成熟した夫婦の面持ちだった。とても官能的で静かななかに、ふっと芳醇な香りが花開く。

異様なほど身体と精神に訴えかけてくるふたつの時代の愛

『カフェ・ド・フロール』(ジャン=マルク・ヴァレ監督/カナダ、フランス、二〇一五年公開)

マシュー・ハーバートの曲、「カフェ・ド・フロール」に導かれるようにして、ふたつの時代が交差しはじめる。精神の奥深く、信じることと愛すること、運命と罪のあいだ、ギリギリのところで時代を超えて結びつく。音と感情はダイレクトに結びつき、刺激する。

一九六九年、パリ。シングルマザーの美容師ジャクリーヌ（ヴァネッサ・パラディ）はダウン症の息子ローラン（マラン・ゲリエ）と暮らしていた。ジャクリーヌはローランが長生きするためには何でもしようと思っており、普段からできるだけ普通の生活をさせようとしていた。ある日、学校にヴェラという少女が転入してくる。ヴェラもまたダウン症だった。ローランとヴェラは出会った瞬間から惹かれ合い、片時も離れたくないほどにお互いが大好きになった。愛の意味を教えてもいないのにヴェラを愛しているのだという。離れようとしないので、学校でも問題になった。ローランが生き甲斐だったジャクリーヌにとって、まるで自分から離れていってしまうように感じられ、寂しさがジャクリーヌを苦しめる。

そして現在、カナダ、モントリオール。キャロル（エレーヌ・フローラン）は二年前に人気ＤＪのアントワーヌ（ケヴィン・パラン）と離婚したが、まだその苦しみから抜け出せないでいた。アントワーヌは新しい恋人のローズ（エヴリーヌ・ブロシュ）と暮らしている。ふたりの娘は、夢遊病気味の母キャロルを心配し、若い女と暮らす父が許しがたかった。アントワーヌこそ、自分の運命の相手＝ソウルメイトだと信じていたのに、なぜ彼がローズを選んだのかがキャロルには理解できないのだ。キャロルの夢のなかにたびたび「小さな男の子」が現れる。その存在が次第に明らかになっていくとき、ふたつの時代は繋がっていくのだった。

ジャクリーヌとキャロルの心境は重なっていく。愛する息子のローランを思う気持ちと、芽生え始めた嫉妬心。ローランの小さな命を自分が守らねばならないという使命感。そしてキャロルはアントワーヌの新たな人生を祝福したいとどこかで思いながらも、強く結ばれている運命であるはずの自分たちはまたやり直せるのではないかと思うこと。自由に生きて大人になりきれていない元夫に男と女以上の愛を持ってしまったことが辛いのだ。ジャクリーヌもキャロルも、決して消えず終わることのない愛を互いに持っているから苦しくなる。いっそ愛する気持ち自体を消し去ることができたら楽なのに。ローランとヴェラが本物の愛であって、ローランとジャクリーヌが本物の愛でないかというと、違う。どちらも本物の愛だ。アントワーヌとローズも、アントワーヌとキャロルも、また本物の愛だ。ここには偽りの愛も仮の愛もなく、すべて本物の愛しか描かれていないことが辛いのだ。感情を揺さぶり、胸が軋む。母性的な愛と女としての愛のはざまで感情の波が押し寄せる。

夢に出てきた小さな男の子の隣には小さな女の子がいた。それをキャロルは自分自身だと信じたかった。しかし違った。夢で見た恐ろしい事故の余韻のせいか、キャロルはアントワーヌとローズに会いにいき、三人で抱擁する場面がある。自分にとっては辛いけれど、いま起こっていることを受け入れようと一歩踏み出す。そしてアントワーヌとローズの結婚式の日。胸が引き裂かれる思いながらも祝福するキャロルがいる。本当に愛する人が自分じゃない人を選んだとき、心から祝福することは難しい。単純にハッピーエンドと呼ぶにはあまりに切なくて胸が苦しいけれど、幸せになるために誰かを愛するわけじゃない。愛しているから幸せになりたいと望んでしまうのだ。幸せと愛はイコールではない。ふたつの時代と異なる環境とをリンクさせることで、大きな愛のかたちを描いた。

こんなに映画を観て苦しくなったのは久しぶりだ。ローランと恋人役のヴェラを演じた子供たちふたりは実際に恋人なのだそうだ。ふたりが本当に離れるのを嫌がる様子を観ていて、しみじみこのふたりを引き離してはいけないのだと感じさせられた(ちなみにDVDには映像特典があって、別バージョンの驚きの結末が収録されている。あくまでおまけと受け取ったが、キャロルは夫が許せずに結婚式のシーンでまさかの惨殺……。こうしてしまったらこの映画のテーマがガラガラと崩れてしまうように感じるが)。本編のラストシーンで祝福しながらも彼女がギリギリの精神で自分と彼らを受け容れていることは十分に伝わり、一歩間違えばこうなってしまうという結果が特典映像なのだろう。映像と音の使い方で見事に感情を揺さぶられ、異様なほど身体と精神の奥底に訴えかけてくる作品だった。

鍵となる「カフェ・ド・フロール」はもちろん、ピンク・フロイドの「スピーク・トゥ・ミー」も感情の高まりと切なさを凝縮し、映画と素晴らしく融合し合っていた。

生死の境さえない愛

『アンジェリカの微笑み』(マノエル・ド・オリヴェイラ監督／ポルトガル、スペイン、フランス、ブラジル、二〇一五年公開)

ポストモーテム・フォトグラフィーというものがある。亡くなった人をまるで生きているかのように写真に記録することだ。残された者が大切な人間の死を乗り越えるために必要と考えられており、ヴィクトリア朝時代(一八三七〜一九〇一)にヨーロッパを中心に流行した。まるで生きているように写すために、かなり凝った演出が施され、なかには目を見開かせて撮るものまであったという。今でこそ誰でもお手軽に携帯電話でも撮影できる時代になったが、当時、写真は誰にでも撮れるものでもなければ、写真に何かを残す、記録することにはもっと特別な意味があったことは容易に想像がつく。一方、平均寿命が短かった当時、死はもっと身近なものだった。

一〇六歳という映画監督史上最長の年齢で亡くなるまで、意欲的に映画を撮り続けたマノエル・ド・オリヴェイラ監督。本作は一〇一歳のときに撮影された。一〇一歳といわれるともうどんな感覚なのか想像もできない。とにかくこの作品はファンタジックでありながら、古い絵画を観ているかのような、重たい質感が同居していることが不思議でならない。

ポルトガルのドウロ河流域の小さな街がこの作品の舞台だ。雨の降る夜中に、ポルタシュ館の執事が写真家のところにやってくるが、あいにく写真家は不在だった。趣味で写真を撮っていたイザク（オリヴェイラの孫のリカルド・トレパ）という青年が紹介され、依頼を受けることになる。亡くなった娘アンジェリカ（ピラール・ロペス・デ・アジャラ）の写真を撮ってほしいという内容だった。ポルタシュ館には親族が集まり若くして亡くなったアンジェリカの死を悲しんでいた。彼女はまだ結婚したばかりだったという。ファインダーから覗くと、アンジェリカが微笑みかけてきたのにイザクは驚き、そして日に日に彼女に取り憑かれたようになっていく。

フィリップ・ガレルは『愛の残像』（二〇〇八年）のなかで、どこか寂しげな年上の女優キャロルに取り憑かれた写真家フランソワの姿を描いた。キャロル亡き後も、彼女はたびたびフランソワの前に現れた。「あなたの夢に隠れているの」とキャロルは囁く。フランソワはかつてキャロルのことを深く愛していた。彼らは生死を超えて深く結びついていた。そしてキャロルは情念の深い女でもあった。彼が生きながら半分あちらの世界に行ってしまったのか、それとも彼女がこちらに半分身を置いているのか。生と死の境界は曖昧だ。アンジェリカという女性がどんな人間だったのか、情報はほとんどない。イザクの人間像も、話好きの下宿先の住人たちが噂話で言っているのが聞こえてくるだけで、彼自身の心境というものは語られない。ふたりは写真撮影をするまでは面識はなかったと思われる。だから共通の思い出もなければ、愛し合ったこともないはずだ。アンジェリカはたびたび現れては、イザクとともに魂だけで出かける。彼らは何も言葉は交わさないが、微笑み合うだけですべてが通じるかのようだった。

イザクはもともと古いものが好きな青年で、農夫たちの写真ばかりを撮っている。住む部屋も必要最低限のものしかなく、人とも群れない。家主のジュスティナは好奇心からか彼の変化によく気づき、イザクがまともに食事もしなくなり、小鳥のことを異常に気にすることを不思議に思う。真夜中にうなされ、叫び、やがて住民からも「頭が変になったんだね、可哀想に」と言われる始末である。一方、アンジェリカの幻影と一緒にいるイザクは、まるで今まで幸福が何かを知らなかったように、生まれて初めて笑ったかのような顔をする。普段内向的で自分をあまり語らないイザクは唯一心を開いたかのようだ。

もともと、この作品の最初の脚本は一九五二年に遡るという。オリヴェイラの監督デビューは二十代だが、六十歳を過ぎてからようやく評価された。まだ評価される前に書かれたことになる本作は、もともとイザクの複雑な心理に焦点を当てていたらしい。イザクはセファルディムで、ポルタシュ館でも写真に信仰は関係ないから大丈夫だという趣旨のことを言うシーンが出てくる。イザクの心理描写は少ないながらも、古いものをなぜ彼が愛し魅了されているのかは、彼のアイデンティティに直結しているものなのだろう。六十年以上も眠っているあいだにこの作品の物語がどう変化し、どう熟したのだろうか。イザクに執着する乞食、ぶどう畑の農夫たちの歌、アパートの住人たち、ポルタシュの人々。まるでイザクの周りには時代も場所も超越した人たちが集まってくるかのように、常に妙な浮遊感がある。ある日、小鳥が死にイザクも倒れる。アパートの一室で医者が診察をしているとまたアンジェリカが現れる。彼は行ってしまう。アンジェリカの微笑みはすべてを奪い、すべてを与える。イザクは過去も現在も、この世もあの世もどこでも自由に行き来できる人間だったのではないだろうか。そうするとこの浮遊感も不思議と納得がいく。もはや生死の境界でさえ問題ではないのだ。

愛は個人を超える

『灼熱』(ダリボル・マタニッチ監督、クロアチア、スロベニア、二〇一六年公開)

愛が素晴らしいのは生きる力を与えてくれるからだ。愛が素晴らしいのは時代を超えるからだ。そして愛が素晴らしいのは個人を越えるからだ。他者に向けられた愛は、本来、決して排他的になどなりようがない。

恋人たちの情熱を肯定するかのような暑い夏。海に囲まれ自然豊かなクロアチアを舞台に十年ごとにそれぞれの恋人たちの物語を描いた本作は、三つの時代のどの恋人たちもティハナ・ラゾヴィッチとゴーラン・マルコヴィッチのふたりが、セルビア人、クロアチア人という違う民族の立場にたって演じている。一九九一年、旧ユーゴスラビアにおいて、クロアチアの独立運動が起こった。クロアチア内に暮らすセルビア人たちの不安は当然高まっていた。時代ごとに分けられた三つの物語は、決してひと続きではなく、時代ごとによって違う環境を生きる人びとの姿を描き出す。

クロアチア人とセルビア人の対立が決定的になる直前の一九九一年。セルビア人の娘イェレナとクロアチア人の青年イヴァンは仲睦まじい恋人同士だった。しかしクロアチア国内の民族対立は日に日に悪化する。ふたりはザグレブという場所に明日にでも引っ越し、一緒に暮らすはずだった。逢い引きのあいだに村の境界線は封鎖され、家に戻ったイェレナは兄に激しく非難される。イヴァンは祖母をなだめ、父と最後の食事をする。翌日イヴァンの村へやってきたイェレナを兄が連れ戻そうと追いかけてくる。トランペットを持ったまま必死に追いかけるイヴァンだったが、セルビア人の村に辿り着くと、彼は撃たれ、イェレナの悲痛な声が響きわたる。

紛争終結後の二〇〇一年。戦争も終わりナタシャと母は、廃墟と化してしまった村に残る荒れ果てた家に戻ってくる。そこでアンテという青年に、家の修理を依頼した。母は好青年のアンテを気に入るが、ナタシャはクロアチア人に兄を殺されたことから快く思えない。しかし日々会ううちに、反撥する気持ちとは裏腹に、互いに心惹かれていくのがわかった。ある日、ナタシャはアンテが住む村の海岸に連れていってほしいと言う。そこはまだ子供の頃によく遊んだ思い出の場所だった。ふたりは憎しみ合う気持ちを払拭することはできなかったが、翌日ナタシャは言葉にならない感情を込めてアンテを激しく抱きしめる。

そして現代、二〇一一年。ザグレブの大学に通うルカは友人と故郷に向かっていた。ヒッチハイクで女の子たちを乗せはしゃぐ友人とは違って気分は晴れない。到着先ではレイヴパーティーが開かれ若者たちは、はしゃいでいる。突然の息子の帰郷を喜ぶ一方で、過去の話をすると一瞬で影が差す。ルカはかつてセルビア人の恋人マリヤを妊娠させ、親に引き裂かれた挙げ句、逃げるように彼女のもとを去ったのだ。マリヤに会いにいくが、逃げていった男のことを赦せるはずもなく、静かにまだ幼い息子と暮らしていた。追い返され途方に暮れるルカはレイヴでドラッグに走る。逃避するように踊るが、ふっと覚めて再びマリヤのところへ向かう。

それぞれの恋人たちは、同じ国に生まれてきた者同士であるにもかかわらず、生まれてきた民族が違うという理由によって引き裂かれてしまう。ふたりの問題だけでなく、自分のことをよく理解してくれているはずの身内、近しいはずの家族が認めない。イェレナとイヴァンも、マリヤとルカも家族によって引き裂かれる。

ダリボル・マタニッチ監督は、自分の慕う祖母がいつも、セルビア人の娘をガールフレンドにするなと言っていたのに困惑したそうだ。それほど紛争は人びとの意識のなかに自分が何民族であるのかを刷り込み、排他的にさせてしまったのだ。ナタシャはアンテに惹かれながらも、セルビア人に兄を殺されたという記憶から憎んでしまう。傷や憎しみは時代を超えても消える去ることはない。実際に紛争が原因で別れてしまったセルビア人とクロアチア人夫婦は多いという。

紛争が終わっても彼らに傷跡が残り続ける限り、終わったとは言いがたい。惹かれ合うのは本能的なものだ。愛し合う瞬間は呪いのように消えない対立意識から解放される。傷が消え去ることはないが、愛もまた、かたちを変えて受け継がれる、普遍的なものだ。「愛や慈悲といった崇高な感情を表現するより、負の感情を吐き出す方が簡単」と監督は言う。憎しみも愛も、さまざまな感情の積み重ねこそが時代をつくってきた。時代を変えてきたのは政治家でも兵士でもない。人は変わろうとする。明日のために、明後日のために、十年後のために、未来のために。本作で描かれた愛は、どこかで憎しみに囚われていようとも、人を愛することを願う生きた人のリアルな感情だ。

マリヤは再びやってきて家の前に座り込むルカを見て、まだ赦せない気持ちでいる。躊躇しながらも、しかし、彼女は扉を開く。家に招き入れるのは、自分の内面を曝け出すことだ。このときのマリヤは神々しく、言葉にできない想いをのみこんで、次の一歩へと導く。どの時代の恋人たちも、別人であり、それぞれが内包する感情は別のものだ。彼らが背負った傷の重さは比べようがない。彼らにはどんな明日が見えているのだろう。安易に希望なんて言えない世界で、それでも一緒にいる未来を掴みかけた彼らには。特権的な誰かであり、誰でもない彼らの感情が静かに世界に向かって解放されていく。

[第二部]　自己愛

かつて自分が少女だったときを思う

『おとぎ話みたい』(山戸結希監督/日本、二〇一四年公開)

自分がマイノリティの側にいるということを自覚してしまった早熟な女の子というのは少しばかり不幸かもしれない。とても繊細で、敏感すぎるところがあって、同級生が幼稚に見えてしまいあまり馴染めず、ちょっとしたことで変わり者の扱いを受ける。話題も合わないから適当に相づちを打つか、忘れ物ついでにひとりその場をそっと離れてみるか、あるいは周りに誰もいなければ自分だけの世界を堪能して歌ってみるとか、踊ってみるとか、そう、しほ(趣里)の場合もやっぱりピナ・バウシュを踊ってみたりする。だってここは田舎なのだし、それにワタシはもうすぐ卒業して東京に行くつもりなのだから、他人の目なんて今更もう、関係ない。例えばそんなふうに、しほの息づかいが耳元で聞こえてきてしまいそうな息苦しさや、焦り、とにかく影響を受け易い時期ですぐに何かにかぶれてしまうような、厄介さがこの作品には始終一貫してあって、私もそんな時期があったのだとか懐かしむよりも先に、しほくらいの、十八歳くらいだったときの突っ走ってた感じだとか、叫びたかった感じとか、知性というものに憧れて難しい言葉を並べてしゃべるようになったときのこととか、いろいろなことをついつい自分のささやかな記憶に重ねてしまいながら、カルチャー、カルチャーってわめく自分に抱いた嫌悪感なんかも同時に思い出す。

それから自分を初めて子供扱いしないで、まるで対等のように認めてくれてたオトナに対する恋にも似た憧れの念とか、その人はまるで自分の隅から隅まで、もっと言えば、自分でも知らない自分を知っているのではないか、そして自分もまたその人のことを地球上の誰よりも知っているのではないかという錯覚に陥ったのもまたその頃で、その恋に似た恋は後にもずっと引きずることになったのだけれど、そのことまで含めて思い出してしまい、しほの少女じみたところとか自分はちょっと特別なのではないかと思っている意識が垣間見えるのにイライラしながらも、先生に突き放されてしまうしほが不憫にも思えて胸が痛みもする。先生、そう、新見先生(岡部尚)の存在は、彼女にとってすべてだったのだ、その瞬間に。

「おとぎ話みたい」というバンドの音にリンクする少女の今にも破裂しそうな感情とそれを保つおぼろげな肉体、言葉、怒り、恋い焦がれ、新見先生に認められたことでまるで新しくこの世のなかに誕生したかのような喜びを全身でしほは体現する。少女って、こんなにエネルギーの塊のようなものだったっけ、と客観視して思う一方で、かつて自分が少女だった時期を思うと確かにそうだったような気がしてくる。身体が邪魔で仕方なく、魂だけでどこまでもどこまでも行けたらいいのに、と思っていたあの頃の、異常なくらい傷つきやすかったあの頃の、日々天国と地獄をかけずり回っていたようなあの頃の、いつまで経っても乾燥しない傷口のような、少し湿った痛みとエネルギー。

田舎という巨大な塀のなかに隔離され、ここではないどこか(東京?)に行けばきっと自分の本当に生きる世界があるのだと、しほは信じたのだろうか。まるで信じているような目をしていた。そんな場所はどこにもないんだよ、と声が漏れそうになるのを、新見先生の諦めにも似たまなざしから感じる。

大人でもなく子供でもない、長い目でみれば独特なほんの一瞬。それなのに毎日が永遠に感じられたような若い時代。自分が好きなものはメジャーじゃない、マイナーな感覚で、それをわかってくれる人がまさかこんな身近にいたという喜び。彼女はきっと東京で似たような感覚のひとたちと死ぬほどたくさん出会って、予想以上にそういう人間がいることにどこかで嫌気がさす時期がくるだろう。マイナー同士がくっついてわかったような顔をしてまるで優越感に浸っているようなのを見てひどく腹も立つだろう。大学時代、誰しもゴダールを当然観たことがあって、好き嫌いに関係なく一度は村上春樹を読んでいて、東浩紀に何かしら影響され、DOMMUNEを観て、オールナイトの映画を観にいくような、そういう人たちばかりが周りにいた。マイノリティの感覚は結びつきやすい。そして自分が特別な感性の持ち主なんかではなく、ありふれた絵に描いたような文化系人間だということも同時に知ることになる。やがてしほも気付くだろう。新見先生は決して特別なオトナではないということを。だけど先生はしほの永遠のトラウマなのだ。初恋、それは少女が少女でなくなる瞬間のことなのかもしれない。

視線が少女を女へと変える

『17歳』(フランソワ・オゾン監督/フランス、二〇一四年公開)

フランソワ・オゾン監督を初めて意識したのはシャーロット・ランプリング主演『まぼろし』(二〇〇一年)という映画が公開されたときで、横浜にある小さな映画館にひとりで観にいったのを覚えている。官能的で、うっとりするような儚さを持ち合わせ、根深く私の意識の底に座りこむようになった。まだ中学生だった私がどこまで深く理解したか定かではないが、それ以来、好きな洋画に『まぼろし』という映画を必ず挙げるようになった。不思議とオゾンファンだと名乗ったことはないが、アルモドバルと並んで女性を描くのに優れた監督という印象が強かった。彼の作品に出演する女優が、私の好みのタイプが多いというのも関係しているかもしれない。

17歳はとにかく危うい。昔からよく物語の題材に選ばれる年齢で、子供でも大人でもない、ある種の特別な時期の象徴とされてきた。本作での選ばれし17歳は、イザベルという女性である(イザベル役を演じたマリーヌ・ヴァクトはモデル出身で本作で長編映画初主演)。母親は医師、父は再婚相手だが特に問題もなく、少しませた弟もいる。家庭環境にも容姿にも恵まれ名門高校に通う彼女に、不足しているものは何もない。美貌と知性を兼ね備え、ふとした瞬間にどこかあどけなさが垣間見える。

物語は四季を追ってイザベルの変貌を描いていくのだが、そこにはいつも他人の目が介在する。本作は基本をイザベルの視点で描きながら、季節の始まりは周りの人物がイザベルを見る目で切り取られる。この視点にどこか恐ろしさを感じるのは、彼女が監視のなかにあるかのような感覚に陥るからかもしれない。イザベルという女性は常に誰かに見られており、そのように惹き付けるのは彼女の生まれもっての才能なのだろう。不足しているものは何ひとつないのに、何もかも、もてあましている。そこには17歳という経験不足の壁が立ちはだかっていて、そのことにはまだ無自覚である。

特に好きでもない男との初体験も、不特定多数の男たちとの密会も、それをしなければならない明確な理由はない。イザベルはまるで自分の意志ですべてをやっているようでいて、実は振り回されている。決して、心に空いてしまった穴を埋めるために男たちと会うわけでも、金のためでも快楽のためでもなく、ましてや背徳感と戯れたり誰かに反発したりするために行うのではない。もてあました美貌や知性、そして気高い精神は、まだ彼女自身の肉体と一致していない。そのように自らに翻弄される、そんな印象を受ける。娼婦になったイザベルは、しかし、堕ちていかない。それにさえ無自覚で、彼女はただ、女という職業を全うしようとしているだけなのだ。一種のパフォーマンスとして誰かがどこかで見ているかもしれないということにおいてのショー。いつでも誰かが、あるいは他人のような自分の目が、彼女を見ていた。その視線が、いつの間にか少女だったイザベルを女へと変えていく。

放課後に母親のシャツを着て口紅を差すだけで、一瞬にして女に変化する。行為に及ぶたびに、せっかく着た大人という衣装を脱ぎ捨ててしまうというのに。ジョルジュという老齢の男性との出会いは、無自覚な自分の行いを変えるきかっけになった。行為中にジョルジュの死を体験するイザベルは、その現実から目を背けた。唯一、心を許せたかもしれない人物のあっけない最期に、戸惑うことしか為す術がなく、自らの愚かさを体験する。どんなに優しいボーイフレンドが現れようと、ありふれた幸せの像に自らを当てはめられることなど幸福ではない。不思議なほどに、家族とボーイフレンドが和気藹々と食事をしようとするシーンは、明るい画面であるのに、どこか曇って見える。ホテルの密室のような、少し息苦しく薄暗い場所の方が、よっぽど似つかわしく、明るい。完全にイザベルという女の目がカメラに切り替わった瞬間だった。

すべての行動の理由は、おそらく「イザベルである」という理由につきるだろう。それが、ちょうど、17歳だった。シャーロット・ランプリング演じるジョルジュの妻アリスとイザベルが対話するとき、アリスの目は見抜くまなざしをしていた。そしてイザベルもアリスを見る。ただ見られるという存在から、互いに見つめることを経験する。視線の解放は、同時にイザベルが大人にならざるをえないことを意味する。そのときスクリーンのなかのイザベルの目が、まるで初めて観客席を見つめたかのようではっとさせられたのだった。

人生は上書きできないが、その意味を変えることはできる

『RE: LIFE〜リライフ』(マーク・ローレンス監督/アメリカ、二〇一四年公開)

落ちぶれた××とかダメな男の役が似合う俳優は、ヒュー・グラントをおいて他にいない。若き日の『モーリス』(ジェームズ・アイヴォリー監督、一九八七年)、『白蛇伝説』(ケン・ラッセル監督、一九八八年)のヒュー・グラントも初々しくて、このうえなく魅力的なのだが、年を重ね目尻に皺が増えてきたのも、お腹が柔らかそうなのもそれはそれでぐっとくる。ヒュー・グラントは甘いマスクの裏に知性とユーモアを兼ね備えられる最高の役者だ。実際にオックスフォード出身で、役を演じていないときでもインタビューに答えるセンスは抜群だ。

今作の監督・脚本家のマーク・ローレンスはヒュー・グラントと『トゥー・ウィークス・ノーティス』(二〇〇二年)、『ラブソングができるまで』(二〇〇七年)、『噂のモーガン夫妻』(二〇〇九年)など何度もタッグを組んでおり、彼の魅力を誰よりも深く知っていると言ってもいい。というわけで、パターンはある程度見えてきてしまうのは否めないが、グラントは落ちぶれた脚本家キースを見事に演じきっていて、そのダメっぷりとエッジのきいた会話がなんとも絶妙にマッチする。

アカデミー賞受賞の脚本家として一度はもてはやされたものの、その後十五年間ヒットに恵まれず、家族にも見放され、生活のために嫌々やるはめになってしまった「教師」の仕事。やる気もな

いまま郊外にある学校に着いて早々、カレン（ベラ・ヒースコート）という生徒と関係を持ってしまう。「FACEBOOK のプロフィールから顔で選んだ生徒たち」は、カレンも含め美女八名とイケてない男二名で構成された計十名だった。ろくに提出された課題も読まず、最初の授業で一カ月の休講を言い渡すなど、なんとも投げやりで、他の教師には皮肉を言って嫌われる始末。

シングルマザーで働きながら復学したホリー（マリサ・トメイ）はキースに脚本をどうしても読んでほしく、受講選抜に外れたにもかかわらず積極的にキースに話しかける。しかしキースは才能は生まれつきで、努力の問題ではないと突き放す。ひょんなことからホリーも授業に参加するようになったり、クレムという男子生徒が才能を開花させ、キースも手伝ってエージェントを紹介したり、カレンとの関係が学校にばれて危機を迎えたりする。ベルイマン、ウディ・アレンから『スターウォーズ』まで、ファンにはたまらない映画ネタも炸裂しつつ、マーク・ローレンスお得意の感じでてんこ盛りのまま物語は進み、生徒たちの成長と共にキースも成長してゆく。そしてホリーとも徐々に距離を縮めハッピーエンド一直線、かのように見える。

映画を観るのにわざわざひねくれた解釈をする必要はない。ただ、人生は書き直せるのかと聞かれたら答えはノーだ。キースが、自立して芯のある強い女性ホリーに惹かれていくのもごく自然なことかもしれない。自然すぎて不自然に感じてしまうくらいに。しかしこの作品のヒロインはカレンなのではないだろうか。カレンは確かに過去にも助手数名と付き合うなど、自分より大人の人と寝ることで、飛び級を使って自分の立ち位置を上に持っていきたい、寝ることで男を下に見たい、理解できた気になりたいという、ちょっとどころかかなり面倒な歪みが垣間見えてくる。そういうとき、大人は逃げるものだ。特にキースのようなダメな大人は。相手も問題を抱えているが、美人でちょっと知的な若い女子大生にうつつを抜かしたことなどさて置いておくのだ。確かに恋愛のパターンとしては最悪だ。似た者同士で共犯関係を結んだつもりが、いつの間にか敵になる。カレンとキースの場合はプライドもあってか、そこまでずぶずぶにはならなかったのは、ふたりのあいだに創作というクッションがあったことが大きい。脚本を書きながらカレンは自分と対峙する。自分がなぜそうなってしまったのか、キースのアドバイスもあって表出してくる。

『ラブソングができるまで』も創作の物語だった。素晴らしい才能を持ったドリュー・バリモア演じるソフィーと、グラントが演じる落ちぶれたバンドマンのアレックスが新曲をつくるまでの闘い。ソフィーが詞を書き、アレックスが曲をつくる。小説家志望だったソフィーは才能があるのに、書くことをやめてしまっていた。その理由は彼女の過去に由来するのだが、ふたりは向き合うことで先に進む。ポップな曲のセンスも抜群の素晴らしいラブストーリーだ。

コンプレックスは人を強くする。そして創作にとってコンプレックスはいいスパイスにも武器にもなる。書く根源的な理由にも十分なりうる。ホリーは確かにキースをサポートし、彼のよい部分を引き出してくれた。そしてカレンは彼女自身と対峙するという姿勢を見せることで、人生に上書きはできない、しかしその意味を変えることはできるということを示したのだった。

愛の迷宮へようこそ

『ゴーンガール』(デヴィッド・フィンチャー監督/アメリカ、二〇一四年公開)

結婚記念日。家に帰るといるはずの妻がいない。家のなかはところどころ荒らされた形跡があり「事件」の匂いがする。近所でも最近物騒なことが起こっている。最近確かに仲が良好だったとは言いがたいが「実家に帰らせていただきます」というわけじゃないらしい。しかも妻は有名人だ。「完璧なエイミー(amazing Eimy)」の著者で人気も高い。何なんだ、一体何が起きたんだ……。内心パニック状態の夫ニック(ベン・アフレック)の精神状態に同調させるようなオープニングで始まった妻エイミー(ロザムンド・パイク)の失踪事件は、警察と過剰な報道による視聴者の増加もあって思わぬ方向へと進んでいく。この物語は大きくわけて四幕ある。第一幕、妻失踪、第一容疑者は夫のニック。第二幕、世間とニックのメディア闘争。第三幕、エイミーの新しい計画。第四幕、夫婦の再生。

この映画は実によくできたRPGゲームだ。観客自身がプレイヤーとして凡庸な夫ニックとなり、世間という仮想敵と闘いながら、行方不明の妻エイミーを救い出すためのサバイバルゲームなのである。しかもこのバーチャルゲームのクリエーターはあの〈アメージングエイミー〉なのだ。散りばめられたヒントを使って、エイミーのしそうな行動を読み解いていくのである。さもなければプレイヤーである私＝ニックは妻殺しの汚名を着せられ、無実のまま刑務所のなかで過ごすことになる。そうなればゲームオーバーだ。なぜこのようになったのか、ひとつひとつ考えればクリアできるはずだ。なぜなら、このゲームのクリエーターであるエイミーのことは、誰よりも私＝ニックが理解して知っているはずだからだ。確かに、計画性がなく金や女にだらしない面もある難アリなキャラクターではあるものの、妻エイミーのことを誰よりも愛していて誰よりもよく知っている、という人物設定であるはずなのだ。

毎年結婚記念日に夫へのプレゼントの在処をゲーム仕立てで隠していたエイミー。あくまでその延長として、ちょっとばかり世間を巻き込んだゲームをしているにすぎない。当初の予定では贈り物は「自分の死体」であったはずだ。なぜそんなゲームを思いついたのか。原因は多くあるものの、浮気したことが赦せなかったのだ。美しくて知的で人気者の完璧な妻をもちながら、若くて頭の悪そうな女と密会していることが赦せるはずもない。そんなことは完璧な妻の夫がやるべきことではない。現実がそうじゃないなら変えてしまえばいいだけだ。エイミーの発想は実は極めてシンプルなのだ。あくまで自分の完璧さを正当化するために、邪魔なものを排除するだけだ。

エイミーのつくり出したこのゲーム世界において、予測不可能だったのは逃亡先のコテージで隣人カップルがいきなり金を盗んだこと。それまでの人生では関わる必要もないような、いかにも問題を起こしそうなカップルによって彼女の完璧な計画は崩されてしまったのだ。そのときのエイミーの嗚咽といったら凄まじい。しかしそんなことで崩されるエイミーではない。彼女には大金持ちでストーカーまがいの元恋人がいた。この人物を利用するというカードが残っているのだから使うまでだ。善意ごっこが好きなボランティアたち、意見を持たず煽ることだけが取り柄の愚かな視聴者も、無能な警察も、これまで使えるものは何でも使ってきたのだから。そしてストーリーのエンディングをちょっと変えればいいだけだ。妻を殺した夫を刑務所に放り込むことから、ストーカーに軟禁され命がけで脱出してきた悲劇の私と夫ニックの感動的な奇跡の再会に。

これは一見すると浮気した夫への復讐劇に見えるが、そうではない。あくまで「私の愛する夫ニック」と「私の愛する完璧なエイミー」のラブストーリーなのだ。彼女ほど聡明ならば、夫と無関係の人生を送るというストーリーを設定することもできたはずだ。愚かな夫をさっさと見切って、新たな人生を自らの足で踏み出す新しい女として。しかしエイミーはそうしない。彼女のつくり出す理想のバーチャル世界にとってニックは必要条件なのだ。なぜここまでニックに執着するのだろうか。憎たらしいニックの性格を誰より分析し知っているのは、他でもないエイミーなのだ。エイミーには嘘も本当もない。彼女は彼女のつくり出したゲームの世界に自ら飛び込み、生きることを選んだ。それはニックへの永遠の愛の宣誓だと言ってもいい。本当に理想の相手なんていないのだから、偽り続けるだけ。エイミーの決意とは裏腹に、このエイミーワールドから逃れられないとわかったニックの表情は何とも言えない。ふたりはエイミーのつくり出した愛の迷宮に暮らす、実にお似合いの理想の夫婦である。〈偽りの人生から解放され、本当の幸せを探し出した私の物語〉が世に溢れるなか、やはりデヴィッド・フィンチャーの描く〈幸福な私たちの物語〉はすがすがしささえ感じさせる。

自身が負った傷を他人が癒すことなどできない

『エレファント・ソング』(シャルル・ビナメ監督／カナダ、二〇一五年公開)

第六十八回カンヌ国際映画祭にて、史上最年少で審査員を務めたグザヴィエ・ドラン。彼の軌跡を追うことは現代の映画界を追う、ひとつの大きな楽しみでもある。しかし今まで、ドランの演技についてきちんと向き合ったことはあっただろうか。それは彼が、若くして優れた監督であり、また多作であることが先立って、本人が主演であってもやはりそのありあまるばかりの才能全体に目が行ってしまい、演技に絞って焦点を当てることは難しかったのである。そんななか、思わぬチャンスに恵まれた。

グザヴィエ・ドラン本人が、主人公マイケルを演じることを熱望したという。有名オペラ歌手の母(キャリー＝アン・モス)から愛されなかった子供として育った美青年。『マイ・マザー』(二〇〇九年)、『Mommy マミー』(二〇一四年)をはじめ、これまでのドランの作品を観てくれば、彼自身の監督作ではと思っても一見何の不思議もない。母親に愛されないことと、強く人を愛することは作品のなかでずっと描いてきたテーマでもあり、そのことで多くの共感を得てきた。本作はニコラス・ビヨンの最初の戯曲が原作で、映画だけでなくテレビの範囲でも広く活躍するシャルル・ビナメが監督した。

精神病院に入院するマイケルの担当医ローレンス（コルム・フィオール）が行方不明になったことをきっかけに、医院長で精神科医のグリーン（『スター・トレック』のクリストファー・パイク提督役をはじめ大ベテランの役者ブルース・グリーンウッド！）とマイケルの心理戦が繰り広げられる。そのたった半日の出来事に、登場人物それぞれの過去の後悔やコンプレックスが絡み合い、なんとも緊張感がありつつも甘美な空間を創り上げている。

マイケルはとてもエゴイスティックで人を苛立たせる才能がある。精神の奥に潜む罪悪感をうまくつつかれ、グリーンはマイケルに翻弄されていく。マイケルの態度は致死量に満たない毒のように、グリーンの身体に回り始める。元妻でもあり、マイケルをよく知る看護師長のピーターソン（キャサリン・キーナー）の助言も聞き入れないグリーン。徐々に心を通わせつつあるかのように感じさせる、このふたりのぎこちなさと、縮まりゆく距離感の描き方は絶妙だ。密室劇を思わせる病院内の硬質な空間のなかでも、どこか血の通った暖かさが漂っている。

とにかく危ういバランスのふたりの闘い。その危うさに引き込まれていく。マイケルの挑発的な表情、目を引く細やかな動き、視線、子供っぽさ、そしてグリーンの冷静を装いながらもその裏に垣間見える揺れ。医師としては繊細すぎるのか、マイケルが相手だからこそ揺れ動くのか。ふたりの演技のレベルの高さに驚かされる。

この物語の結末はとても悲劇的だ。いや、そんな客観視した言い方は正しくないかもしれない。マイケルに、深く傷つけられたと言ってもいい。明らかになっていくマイケルの強すぎる愛と孤独は、周りの人間を必ず傷つける。そしておかしなことに、彼に傷つけられる痛みは、少しばかり心地よくもあるのだ。誰もマイケルには勝てない。彼だけが結末を知っていて、そのことに本人は絶望的な気持ちになっていたかもしれない。過去に彼自身が負った傷は、結局のところ他人が癒すことなどできない。本心を話すことがあるとすれば、きっと彼の分身でもある「アンソニー」というゾウのぬいぐるみに対してだけなのだろう。キーワードとなるのはゾウの歌だ。

言葉をゲームのように操るマイケル。言葉＝台詞が本心とは限らない。だからこそ、必死に彼の表情やしぐさを読み解こうとする。目が離せなくなる。いつしかグリーン、そして担当医であったローレンスの視点を持ってマイケルを見ていることに気づく。ラストの焦りと喪失感、そして人を赦すことの重みを追体験することになるのだ。

マイケルは自分のカルテをグリーンに見られることを拒んだ。自分に対してどんな人間か先入観を持たれることを嫌ったからだ。この物語はたった半日のことしか描かれていないが、この滑稽で残酷な結末を迎えるためにマイケルという人間はどれだけの準備をしてきただろうか。まるで死ぬために生きていたようではないか。それはおそらく「母を殺した」その日からずっと、計画していたことかもしれない。

誰かのなかに永遠に生き続けることは、相手に対する究極的な支配である。マイケルという人間がグリーンやローレンス、ピーターソンから忘れ去られることはないだろう。それはとても深い傷跡となる証拠でもある。

グザヴィエ・ドランからいつしか目が離せなくなっていた。マイケルが映画のなかでしたことと同じように、現実の世界では彼なりのペースと仕組まれた計画にはまっていく。私は常にドランに傷跡を残されていたのだと気づき、喜びと痛みを実感している。まるで失ってしまった大切なものであるかのような魅力が彼の作品にはあるのだ。ドランは若く、生きているのにもかかわらず、である。古典的な、と評する人もいるようだが、その言葉はふさわしくないように思う。ドランは自身が監督でありながら、自らの意識は常に俳優として存在していると語った。この言葉は非常に刺激的だ。俳優はもちろん、世界各国の監督たちの神経に触れたに違いない。これからもグザヴィエ・ドランの残していくであろう傷の痛みをひりひりと感じていたい。

孤独という最も贅沢なアクセサリー

『アクトレス〜女たちの舞台』(オリヴィエ・アサイヤス監督/フランス、二〇一五年公開)

先日『汚れた血』(レオス・カラックス監督、一九八六年)を観返して、少女のビノシュがあんまり、天使のようにという比喩が疑いもなく似合う可愛らしさと儚さを持ち備えているので、内容もさることながら、彼女そのものに魅せられて言葉を失った。英国人振付家でダンサーのアクラム・カーンとともに共同演出・出演の舞台が行われたのもつい最近のこととして思い出されるが、それも二〇〇九年に遡る。ハリウッド版『GODZILLA』(ギャレス・エドワーズ監督、二〇一四年)では彼女の出番が少ないことが少し不満だった。作品を観る基準が、ジュリエット・ビノシュという女優の存在に左右されてしまうことはとても楽しい。ビノシュはどの作品のなかでも見事に変化をして悠々と泳いでいるように見えながら、年月の経過をまるで感じさせない不思議な力を持っている。ビノシュは誰にでもなりながらビノシュでしかない。

オリヴィエ・アサイヤス監督と彼女が組むことになったのはごくごく自然の流れであっただろう。ビノシュの初主演作『ランデヴー』(アンドレ・テシネ監督、一九八五年)の脚本をアサイヤスが担当した後、『夏時間の庭』(二〇〇八年)ではついにアサイヤスは自らが監督としてビノシュを主演女優に迎えた。アサイヤスは彼女のデビューからの軌跡を最も近くで見てきた監督だと言ってもいい。

ビノシュが演じることになったのはマリア・エンダースという女優の役である。慢性的に少し悲しみを帯びた、かつて一世を風靡したスター女優だ。物語は恩師の演出家の功績を称える式に参加することから始まり、その移動途中の列車のなかで彼の死を知らされる。少々乱暴かもしれないが、彼女を見いだし見守り続けた演出家の存在はアサイヤス自身とどこか重なる。その彼は死に、マリアはひとつの指針を失ったことで深い悲しみに包まれる。

女優が女優の役を演じること自体は決して珍しいことではない。自身が女優だからといって、そのままの自分を演じることで役が成立するという単純なものでもない。しかしそんなとき、自分と役柄のあいだにはどんな境界線があるのか。女優という役柄でないにしても、喋り方や仕草を含め、台詞をとおして普段の自分は表れてくるものだ。そして普段の自分なんてものが何かわからなくなりもする。例えば、それは役者じゃないにしても、自分自身を演じてみてくださいというお題を与えられたときに、そんなことが本当に簡単にできるものかということを考えてみればわかりやすいかもしれない。

さて、マリア・エンダースという女優はいたってクールで、知性があり、繊細だ。包容力とユーモアのセンスまで持ち備えている。故人のことをスピーチする場で自分の売り込みをするような神経の図太さもなければ、自分自身の私生活を切り売りすることが堂々としているという勘違いもしていない。とても職人的に、役者として佇んでいるのだ。マリアは、ジュリエット・ビノシュは、そういう顔をしている。

役者というのは別の人間になるのが仕事だ。作品を重ねるごとに増えていく自分のなかの人物たちとどこで、どうやって、折り合いをつけるのかは難しい問題だ。

マリアは過去に『マローヤの蛇』という作品のなかでヘレナという役を演じた。彼女の出世作で、年上の大人たちを翻弄する若くて美しい女の役だった。その作品がリメイクされることになり、マリアが依頼されたのはヘレナではなく、ヘレナに誘惑される上司ジグリッドの方だった。おまけにスキャンダラスな新進女優のジョアン・エリス(クロエ・グレース・モレッツ)が、かつてマリアの演じたヘレナ役を演じることが決まっていた。マリアが乗り気になれないのは、ヘレナという人物を一度でも生き、その延長上にいる彼女がただ年月を重ねたというだけで、他の人物としてヘレナに会わなければならないことへの違和感だろう。マリアがジグリッドという別の役を演じても、彼女のなかのヘレナは消えることはない。表面だけを追えば、まるでマリアが若さへの嫉妬と執着をしているようにも見えるかもしれない。しかしドッペルゲンガーのようにかつての自分がいる舞台に立つことに、積極的になれないのはなんら不思議なことではない。

さらにはジグリッドの感覚をどこか理解できないままでいることも気が進まない大きな理由だ。マリアは過去に追いかけられているのではなく、過去に取り残されてしまったのだ。かつてあったもの、そして今は失ってしまったもの、それは彼女の感覚からすれば今もあり、失ってはいないもの、である。もちろんマリアには自分自身の置かれた情況を客観視する冷静さはあるが、それと身体に残されたままの感覚は同時進行で別のベクトルを持つ。

マリアはある日、本物のマローヤの蛇を見にいくことにした。スイス中南部にある山岳地シルス・マリアで見られる、蛇のようになった特殊な雲の形状と流れのことだ。文化人や芸術家に愛されてきた神秘的な地でもある。マリアは彼女を支えていたマネージャーのヴァレンティン(クリステン・スチュワート)とともにその地を訪れることにした。しかし途中で、それまでずっと一緒だったヴァレンティンはいなくなってしまう。その理由は明らかにはされない。しかし彼女はマローヤの蛇を見た。それはスター女優である彼女にしか見えない景色なのだろうか。ヴァレンティンの存在を消してしまったのはマリア自身ではないのだろうか。新たなステージに行くときはいつも独りだ。マリアは登場するあらゆる女たちを、自分と自分が向き合うための手段に選ぶ。最後は自分自身と向き合い、マリア・エンダースたることを、その存在感を強めていく。彼女の周りに存在するすべては彼女のものなのだ。そしてそれはとてつもない孤独でもある。アサイヤスは女優ビノシュへ孤独という最も贅沢なアクセサリーを送ったのだった。

自分の人生を肯定するから輝く

『マイ・ファニー・レディ』(ピーター・ボグダノヴィッチ監督／アメリカ、二〇一五年公開)

オードリー・ヘップバーン主演の『マイ・フェア・レディ』(ジョージ・キューカー監督、一九六四年)は、言葉遣いの荒い花売り娘を、言語学者の教授がレディに仕立て上げていくというロマンティックコメディだが、本作(原題はShe's funny that way)ではコールガールをしていたイジー(イモージェン・プーツ)が演出家のアーノルド(オーウェン・ウィルソン)と知り合い、ブロードウェイデビューするというシンデレラストーリーだ。浮気性のアーノルドと、女優でその妻のデルタ(キャスリン・ハーン)、デルタに言い寄る俳優のセス(リス・エヴァンス)、真面目だがイジーに一目惚れする脚本家のジョシュ(ウィル・フォーテ)、ジョシュの元恋人でイジーのセラピストでもあるジェーン(ジェニファー・アニストン)が入り乱れた人間関係のなかで繰り広げるドタバタコメディなのだが、イジーに執着する判事や、判事が雇った探偵、イジーの両親など、まだまだ濃いキャラクターたちばかりが続々と登場する。

イジーが先鋭のハリウッドスターとしてインタビューを受けているところから物語は始まり、彼女のデビューの裏に何があったのかが赤裸々に語られる。女優志望だが生活のためにコールガールをしていたイジーは、客としてやってきたアーノルドに、三万ドルをあげる代わりにコールガールをやめるよう言われる。この足長おじさん的な振る舞いはどうやらアーノルドの一風変わった趣味らしいことが後々にわかり、同じようなことを何人もの女性にしていたことが判明しデルタを怒らせる。コールガールを主人公にした新作の舞台のオーディションにイジーがやってくる。演技が自然でモノにしていたとアーノルド以外の全員が絶賛し、彼女が見事抜擢される。ところが徐々に入り乱れた人間関係が暴かれていき、舞台が成功するのか危ぶまれていく。

欲望が渦巻き、ドロドロしているのになぜか後味がすごくいい。起こっていることは悲劇以外の何物でもないのだが、ウィットにとんだ会話とテンポのよいストーリーの進行具合によって軽快なコメディとして完成している。極めて自己中心的な他人の話をきかないセラピスト・ジェーンを演じたジェニファーのテンションの高さはお見事という域に達しているし、アーノルドが妻のデルタやコールガールたちに言う決め台詞「リスを胡桃に」(普通の人は胡桃をリスにあげるが、リスを胡桃にあげたっていい。何が幸せかは自分で決めるものという意味)はオリジナルではなく、『小間使』(エルンスト・ルビッチ監督、一九四六年)という映画で語られる台詞だと最後に明かされたり、イジーの新恋人としてタランティーノが「本人役」でカメオ出演するなど、細部にわたって実に映画好きを刺激する要素が盛り込まれている。ちなみに監督・脚本を務めたピーター・ボグダノヴィッチは、映画評論家として活躍した後に監督デビュー、『ラスト・ショー』(一九七一年)や『ペーパー・ムーン』(一九七三年)でもアカデミー賞にノミネートされ、出演した俳優たちが賞を獲得している。プライベートでは交際していた女優のドロシー・ストラットンが当時別居中だった夫に銃殺されてしばらく引きこもるなど、かなり数奇な運命を辿っている。

イジーはインタビューのなかで、自身の映画愛について語る。日常とは違う夢のある古い作品が好きだということや、かつて『ティファニーで朝食を』(ブレイク・エドワーズ監督、一九六一年)を観にいって魅了されたヘップバーン演じる主人公に対する分析を。彼女の魅力は単なるシンデレラではなく、自分の意見や過去をひょうひょうと語り、作り物ではなく生きた人間として登場しているところにある。奇跡を信じる力を持っている彼女は素晴らしい現代のヒロイン像だ。スターが自分の過去を赤裸々に語ることはちょっと前だったらタブーだった。そういう意味で今は確かにスターのいない時代と呼ばれる通りなのだが、生きてきた自分の人生を肯定しているからこそ輝くものもある。また、人生の転機になったアーノルドや、彼女の才能に心から惚れ込んでいて「私がマリリンなら彼はアーサー・ミラー」と語られるジョシュとは結局続いていないという点もいい。女優として生まれ変わった彼女にとって、彼らはあくまで通過点なのだ。無理矢理にロマンスを盛り込めば、どちらかとくっつくというのもなくはないが、颯爽と現れる「本人役」の登場で見事に腑に落ちる。時代は変わりヒロイン像も変わってゆくが、映画に夢を、は健在だ。

紐解けば紐解くほどに深まる謎

『二重生活』（ロウ・イエ監督／中国、二〇一五年公開）

彼らは何と闘っているのだろう。ひとりの男とふたりの女。会社を経営し、若くして裕福な家庭で不自由なく暮らす夫ヨンチャオ（チン・ハオ）とその美貌の妻ルー・ジエ（ハオ・レイ）、そして夫の愛人サン・チー（チー・シー）。それぞれにヨンチャオの子供がいて、しかも同じ幼稚園に通っているママ友同士だ。ある日、ひとりの女子大生が車に敷かれて死亡する。敷いたのは直前までどんちゃん騒ぎしていた若者たちだったが、女子大生にはその前に石で殴られた形跡があり、刑事は何らかの事件性を疑う。最初はママ友同士であったふたりは、徐々にそれぞれヨンチャオとの関係が露呈し、女子大生死亡の謎が解き明かされるサスペンス仕立てになっている。

先日上海に行く機会があった。二〇一六年に二度訪れたのだが、半年のあいだに随分と街の様子が変わっていて驚かされた。古いものが取り壊され新しいビルが建てられる。ものすごい勢いで人々を取り囲む環境は変化していくのだ。立ち並ぶ高層ビルの間の路地には昔から暮らす人々の生活があり、何とも言えないコントラストがある。この物語の舞台は上海からさらに内部に入った、中国中部、湖北省の省都、武漢だ。武漢は経済都市として栄え、やはり地区によって生活環境の落差は大きい。中国国内の格差は広がる一方だ。

妻と愛人がいながら、出会い系サイトで知り合った女たちと身体を重ね、なかば病的に女との密会を繰り返すヨンチャオ。満たされているようで満たされていない人間は度々映画や文学のテーマとなってきた。身勝手な人間に翻弄され人生を破滅させてしまうこともまた同様に描かれてきた。しかしこの三人における関係性は単なる愛憎劇には留まらない。

ルー・ジエとサン・チーの女同士の闘いは加速していくが、このどうしようもなく人を不幸にしていくヨンチャオは、自分の愚かさ加減を自覚していながらどうすることもできずにただ翻弄されていく。彼は自分自身がまるで何に翻弄されているのかがわからないのだ。女の敵は女、という目に見える闘いがあるからこそ、どんなに悲劇的であっても彼女たちには決着という着地点がある。しかしヨンチャオにはそれがない。経済的な理由もあってヨンチャオに依存せざるを得ないサン・チーと、仕事をしていて経済的自立を望めるルー・ジエは、同じヨンチャオの被害者だが相容れることはない。またルー・ジエの子供が女の子なのに対してサン・チーは男の子だ。ヨンチャオの母も公認しているという事実まで知らされる。ヨンチャオは「マザコンだから」と切り捨てるような言い方で、サン・チーはそれでも現状を死守しようとする。二〇一五年には廃止されたがそれまで根づいてきた中国の一人っ子政策の影が垣間見える。生まれた環境によって一生の経済環境は大きく左右されるという。貧しく生まれてしまったら、基本的には裕福になることは難しい。この物語の発端は、監督のロウ・イエが中国のサイトで、夫の浮気に悩む妻の投稿を見つけたことから始まった。物語自体は、国や時代を問わず普遍的なテーマである。常に人は恋人や家族の裏の顔が気になり悩むものだ。

亡くなった女子大生は夫の遊び相手だった。これはおそらく意図的に、夫がその時間に女子大生とその場所を通るだろうことを知っていたサン・チーが、何も知らないふりをしてルー・ジエに目撃させるように仕向けた。そしてルー・ジエが女子大生を尾行したこと、さらにサン・チーがそんなルー・ジエを尾行したことが描かれる。敵同士であったはずのふたりの女はその日から、永遠に癒えない罪悪感をそれぞれ秘めることになる。誰が被害者で誰が加害者なのか。紐解けば紐解くほどに謎が深まる一方だ。急速に変わりゆく社会に必死に追いつこうとして、取り残されてしまったかのように、誰もがそれぞれ別の孤独のなかにいる。人は自分が生きるべき場所を必死で確保しようとする。明日には巨大なブルドーザーがやってきて取り壊されてしまうかもしれないのに、だ。

もともと大学の同級生だったルー・ジエは愛人の部屋で、昔を思い出して苦しくなる。まだ学生時代の頃、若いふたりが住んでいた部屋を思い出したのだろう。夫も思い出したに違いない。そのときのルー・ジエの表情にぞくぞくさせられる。夫の浮気を知り家に戻った後、思わず嘔吐した直後にキスするシーンも素晴らしいのだけれど。もう戻れない日々を思い出しつつ、過去はもう追いかけてはこない。恐ろしいのは未来が向こうから追いかけてくるということだ。

相手を思い自分自身と向き合う

『恋人たち』(橋口亮輔監督／日本、二〇一五年公開)

前作『ぐるりのこと。』(二〇〇八年)から七年ぶりに公開された橋口亮輔監督待望の新作は、三組の恋人たちをめぐる群像劇だ。そうはいってもここに登場するのは三組のカップルではない。大切な人を思う気持ちを胸に抱えて生きる三人の主人公たちの物語だ。誰かを大切に思うとき、自分自身の姿も露になってくる。他人のことを深く考えることは自分のことを深く考えることでもある。普段の生活のなかで、例えば仕事先だったり、買い物先だったり、例え家族間であっても、本心で何かを語り合い胸の内を吐露するなんて機会はそんなにない。自分のことを曝け出すことは身を削ることだ。喜びと同時に体力のいるものでもある。多くの人間は他人とのほどよい距離感とバランスを保ち、調整する。そうしないと傷つき疲れてしまうからだ。その距離感の調整をできないくらいに、あるいは調整しなくてもよい関係でいられるほどの相手と出会うことは、このうえない喜びだ。特別な人ができると、不思議とその人を知りたいと思い、自分のことを伝えたいと思う。たちまち距離が邪魔に思えてくる。誰かを大切に思うこととは、恋をするというのはそういうことだ。

三年前に妻を通り魔に殺された篠塚(篠原篤)は、橋梁点検の仕事をしながら鬱々とした日々を送っていた。何をやってもうまくいかず、ちょっとしたことで苛々する。弁護士の四ノ宮(池田良)に、犯人に対して損害賠償の請求を依頼していたが、不都合な判決が既に出ており、望みも薄かった。弁護士相談費用もかさみ、保険料の支払いもまともにできない荒んだ生活だった。自暴自棄になり会社も無断欠勤してしまうが、心配した仕事先の先輩黒田(黒田大輔)がお弁当を持って家にやってくる。犯人を殺したいほど憎んだり、自分自身が死んでしまいたいと思っている篠塚には、ただ話を聞いてくれる黒田の存在はひとつの救いだった。

四ノ宮はエリート意識が強く、常に人を見下しているようなところがあった。同性愛者でもある彼は、普段はそのことを隠しながら生きている。ある日誰かに階段で押され骨折する。恋人と大学時代からの親友・聡(山中聡)の家族がお見舞いにやってくる。四ノ宮はずっと聡のことを思っていたが、そのことは一度も言えないままだった。退院後も上から目線でしかものが言えない四ノ宮に嫌気が差し、恋人は去っていく。四ノ宮は独立のために事務所探しを、不動産業の聡に相談していたが、聡がどうも自分との距離を置こうとしていることを感じ取る。問いただすと、四ノ宮が聡の子供にいたずらしたということを妻に言われたという。根も葉もない偏見が生みだした発言に四ノ宮は傷つく。

弁当屋でパートをしている主婦の瞳子(成嶋瞳子)は気難しい姑と、味気ないセックスをするだけの無愛想な夫と、ただ繰り返すだけのような毎日を送っていた。「雅子様」のおっかけをしていた頃のビデオを見たり、お姫様が主人公の小説やイラストを描いたりするのがささやかな楽しみだった。ある日、取引先の肉屋の弘(光石研)と出会い、脱走した鶏を一緒になって捕まえたことからふたりは仲良くなる。まるで王子様が現れたかのように感じられ、味気なかった生活に光が射す。弘は瞳子に一緒に起業しようと持ちかけ、瞳子も本気になる。しかし弘の家に行くと、彼は自ら覚醒剤を打っているところだった。

この三人は、それぞれ思う人＝恋人たちとはうまくかない。極めて辛い情況だ。篤はいまは亡き妻への気持ちを独白し、四ノ宮は親友に切られてしまった電話に独り本音を語りかけ、瞳子はシャブ中で話ももう聞こえていない弘に自分と夫の馴れ初めや夢を語る。それぞれの恋人たちは、彼らを素に戻してしまう力を持っている。そして素になって自分自身のことを語ることは、自分が何者であるかを確認することでもある。鬱屈とした日常から一歩でも踏み出し、これからを生きようとするときにとても必要な力だ。そういったエネルギーがこの映画には漲っている。

彼らの日常にいる登場人物たちの造形も非常に面白い。妙なリアリティと秀逸な設定だ。例えば瞳子が働く弁当屋の夫婦。妊娠中でヒステリックな妻とそれをいさめる夫。ラップを再利用するのに必死な姑。「美女水」と名前をつけて水道水を高額で売る女。明るくふるまうも立ち直れず、自身の恋愛が失敗したのもすべて妹の死と関連づける篤の義姉。勤務先の会社にいるバカだけどとにかく明るい後輩。左翼運動で片腕を失くした温和な先輩の黒田さん。四ノ宮の元に結婚詐欺の相談に来る、自称前世がフランス人の女子アナ。絶妙な会話と自然体と大げささが入り交じった演技バランスがすごい。『渚のシンドバッド』(一九九五年)を初めて観たときに、どうやったらこんな演出ができるのだろうと不思議に思った。もう天才としか言いようがない、人物造形もディテールも完壁だ。絶望を真正面から描きながらも見事に光の射し込んだ恐るべき映画だ。

神とはゆらがないがゆえに神である

『神のゆらぎ』(ダニエル・グルー監督/カナダ、二〇一六年公開)

「死は必然です」と婚約者のエティエンヌ(グザヴィエ・ドラン)がエホバの証人の集会で読む聖書の言葉を回想しながら、ジュリー(マリリン・キャストンゲ)はその言葉に納得することができたのだろうか。神が自分の人生を納得させるために必要な存在だったとするならば、彼女にとって〈神〉はもういらない存在になってしまったにちがいない。信じがたいことが起きるのを目の当たりにして、彼女は無力さを噛みしめただろう。彼らにとっての神は、あくまでもエホバの証人が定めるところの〈神〉なのである。運命が、神が決めるもので人間には誰も知りえないものだとしたら、それはまさに死のことである。生まれてきた以上は常に誰しも死ぬ方向へと向かっていることは避けられない。

キューバ行きの飛行機が墜落する事故が起き、多くの人が亡くなった。生存者はたったの一名。事故の前と後を物語は行き交い、何らかのかたちで事故に巻き込まれてゆく人々の姿を描いている。自分がいつ死ぬのかという明確なことは誰にもわからない。死は予測不可能で、だからこそ突然のことに、残された者たちは受け入れがたく戸惑うことしかできない。そこにはいろんな人々がいる。熟年の不倫カップルはそれぞれの家庭を捨て旅立つことを決意し、姪への過去の過ちから罪の意識で運び屋になった男は警察の手から逃れるために逃亡しようとする。毎年、初夜を思い出すという理由でキューバを訪れていた夫婦は、妻が夫に対して何も感じなくなったと、突然の別れを空港で切り出し飛行機に乗ることはなかった。表面的には保ってきた夫婦であるが、夫はギャンブルに、妻はアルコールにそれぞれ依存症となり、内実は崩壊していたのだった。それぞれの人生が少しずつ絡み合い、すれ違い、墜落事故というひとつの避けられない死に向かっていく。彼らが向かう先の事故という結論を知っている観客こそがここでは「神」になる。神は何もしない。ただこれから起こる先のことを知っているということにすぎない。

一方で、ある程度予測可能な死がある。ひとつには病気があげられる。エティエンヌの場合、末期の白血病で余命は長くなかった。ただし、輸血と化学療法でよくなる可能性は十分にあった。エティエンヌとその家族、婚約者のジュリーは、エホバの証人を信仰しているがゆえに輸血を頑なに受けようとはしなかった。看護師でもあるジュリーは墜落事故のたったひとりの生存者の看病をすることになるのをきっかけに、少しずつその考えに疑問を抱くようになる。しかし家族たちをはじめ、信仰は絶対であり、裏切れば排斥されることになるとして、エティエンヌは治療を受けないままであった。ここでの彼らの信じる〈神〉の御言葉に従うしかないと、疑わなかった。ジュリーは唯一の生存者を助けるために自ら輸血することを決意し、排斥される覚悟をもった。それでも、説得はむなしくエティエンヌは変わることなく治療を受けないままであった。

〈神〉の信仰によって死を乗り越えてこそ楽園があると信じきっていたはずである。近づく死を食い止めることができて、少しでも生きる可能性があったのならば、それもまた運命であったはずなのに、信仰により命が妨げられることの矛盾にジュリーしか気づくことはなかった。彼女がそう思うようになったきっかけには、布教の際に訪れたある家の主から「飛行機が墜落したのは全能の神がいないからだ」と聞かされたことだった。自分がそれまで当たり前に信じてきたものは、何だったのか。あっさりと〈神〉の存在を否定され、婚約者という最も愛すべき人を失くそうとしている彼女にとって、もはや信仰は救いにはならない。なぜ方法は残っているのに、苦しむ婚約者を救えないのか。

思いがけない、予想不可能の、突然の死。それと同時に存在する予測可能な死。しかしどちらも誰かにとっては特別な人間の死であることは何も変わらない。邦題の「神のゆらぎ」というタイトルは逆説的である。神はゆらがないがゆえに神なのである。ここで神とは何かを一義的にすることはできないが、〈神〉が誰かと共有して信じる対象であったときは、理不尽なことも多い人生を納得させるための手段であった。前に進んでいくためには納得することは確かに必要である。しかし、神はすがる対象でもなければ、手段でもない。どうしようもなく人間の力を越えた力がはたらく流れのなかで、それぞれが受け容れて生きるしかない、と無力さを感じることは神の否定にはならない。この作品の原題は「MIRACULUM」。つまり、奇跡、神業のことである。確かに死は必然であり、同時多発的なものだ。それを止めることは誰にもできない。いつかは誰しも死ぬことだけは平等である。そんなふうにして世界は変わらないかもしれない。しかしジュリーは変わった。彼女は自らの経験から死と向き合い、信仰によって感情を殺すことをしなかった。盲目的に何かを信じることは時に人の感情を殺してしまう。何を信じるのかを選んだとき、彼女の目に映る世界は確かに変わったのである。

妻は何もかも知っていた

『永い言い訳』(西川美和監督／日本、二〇一六年公開)

どんなに近くにいても、同じ空間にいても、相手の心のなかまでは見えない。気持ちは知らず知らずのうちにずれているとしても、気づかないこともある。

ある日突然、妻の夏子(深津絵里)が友人のゆき(堀内敬子)と出かけたバスツアーの事故で死亡する。夫で人気小説家の幸夫(本木雅弘)は、編集者であり不倫相手でもある女(黒木華)と情事の最中であった。妻のあまりに唐突な死に、涙さえ流せない幸夫。一方で、妻を亡くしたという同じ境遇の、ゆきの夫でトラック運転手の大宮陽一(竹原ピストル)と出会ったことから、その子供たちを含めた家族と交流を深めていくことになる。自意識に囚われ、自分自身、生きることに窮屈さを感じ始めていた幸夫は、自分と正反対に、妻の死を忘れることができず、ことあるごとに泣き出すなど感情を曝け出す陽一と無邪気な子供たちとの関係性のなかで、少しずつ人間らしさを取り戻しつつあった。

ある日マネージャー(池松壮亮)のススメで事故後の姿を追うテレビのドキュメンタリー番組に出演することを決めた幸夫。その前日、整理していた荷物のなかから、妻の携帯に残された未送信メッセージを見つけてしまい驚愕することになる。「もう愛していない　ひとかけらも」。書かれていたのは思いもよらない言葉だった。

自身の薄情さは自覚しており、浮気していたことも何も知らないで死んでいった妻に憐憫の念さえ感じていたかもしれない。そこにこの言葉を見つけたとき、幸夫の方こそ、負けた気がしたのではなかったか。温度の感じられない、乾いた文字。出かける直前に、あんなにも穏やかな顔で、普段と変わらない様子で、自分の髪を切っていた妻が、ずっと胸のうちに秘めていたものが、まさか、こんなにも自分から遠ざかった空虚な言葉だったとは。

すでに妻のなかでは終わっていたのだ。夫はそのことと折り合いをつけなかった。いや、つけないようにしてきた。だからこそメールを見て妻の本心を知ったときに心が乱されたのだ。信じがたい文面に。もう終わっていたのだとしたら、自分の存在とは何だったのか。すべてを見透かされていたようだ。自分だけが知らなくて、向こうはまるですべてを知っていたというのか。気づかないうちに終わらせていたことを、自分だけが知らなかった。二十年来連れ添った妻とのあいだにあった温度差は想像以上に深かった。いなくなってしまった今ではもう話すこともできない。後味の悪さだけが夫の胸に残された。その身勝手さに腹も立ち、打ちひしがれ、番組の撮影中にその感情は爆発する。自分自身と対峙させられることになった。

ついに不倫相手にも愛想をつかされてしまう。一方で、陽一と仲良くなった科学館の学芸員（山田真歩）の存在が気に入らない幸夫であった。子供染みた嫉妬心をむき出し、自分自身の人間としての弱さを突きつけられ、いつしか大宮親子との関係も崩れていく。陽一も酒に浸るようになる。うまくいかない人間関係の変容と、切り取り方、何より緊張と弛緩のバランスが絶妙だ。表面だけでは繕いきれず、互いの嫌な面も知って、いよいよ綺麗ごとで済まなくなっていく。

言い訳そのもののような人生、だった。もう話すこともできない妻に対する悲しみでなく、懐かしみでもなく、紛れもなく自分自身の小ささや弱さを突きつけられた悲しみだ。何もかも知っていた妻、何も知らない子供たち。このコントラストは色濃い。

やがて幸夫は小説と向き合うことで新境地へと向かう。妻とのこと、自分のことを見つめ直すことで彼自身が人間として生まれ変わるしかない。そして「永い言い訳」という小説が完成する。妻は本当にあのメールを送るつもりだったのだろうか。事故が起きなかったら、何事もなかったように、ただいまと帰ってきたのだろうか。未送信メッセージに残された言葉の冷たさは、一方で幸夫への応援メッセージにも思えてくるから不思議だ。思考停止していた幸夫は傷ついたからこそ、感情が蘇り、再生し始めたのだ。幸夫自身が愛とは何かを実感したときに、凍り付いてしまっていた人間関係はもう一度溶けて、孤独に新たな光が注がれる。妻の影のもとでしか存在していなかった影のような男が、人間として歩み始めるのだった。

強い風に煽られたささやかな嫉妬

『胸騒ぎのシチリア』(ルカ・グァダニーノ監督/イタリア、フランス、二〇一六年公開)

何をやっても中心になってしまう人がいる。スター性がある、と言えばいいのだろうか。文字通り人気のロックスターであるマリアン(ティルダ・スウィントン)はコンサートで喉を使いすぎて手術を受け、ヴァカンスのために南イタリアにあるシチリアのパンテッレリーア島で、撮影監督をしている年下の恋人ポール(マティアス・スーナールツ)と優雅なひとときを過ごすはずだった。ところが携帯電話の不快な呼び出し音とともに聞こえてきたのは、「五分後には到着する」という元恋人で音楽プロデューサーのハリー(レイフ・ファインズ)の声だった。呼んでもいない客人は、娘だと名乗る年若い美女のペン(ダコタ・ジョンソン)を一緒に連れてやってくる。祭りの最中で宿もとれず、やむなくマリアンの別荘にふたりも泊まることになる。これだけで波瀾万丈な予感はむんむんするのだが、セレブのヴァカンスをちょっと垣間見たいという感覚でいると冷たい雨に晒される。ハリーがマリアンに復縁を迫ったり、若いペンがポールを誘惑していく様など、シチリアの美しい空気と自然のなかで実に魅力的に描かれているのだが、いかんせん風が強い。ディオールに在籍していたラフ・シモンズのシンプルで気品と愛らしさを兼ね備えた衣装が、声の出なくなったマリアンに変わって風を受けて揺れ動き、言葉なくとも立派に主張している。四人のあいだで揺れ動いていたささやかな嫉妬は、徐々に醜さとなって表出し、強い風に煽られる。

同年代の元恋人との昔の刺激的だった日々の懐かしさを楽しみながらも、今の平凡だが平穏なポールとの幸せを手放したくないマリアン。ふたりの男とそれぞれ六年付き合ったマリアンに対して「ハリーがA面でポールがB面ってことでしょ」と皮肉を言うペンに苛立ちを隠せないマリアンだが、ペンの苛立ちは常に男たちの中心にいるのはマリアンであるということだった。若くて美しい自分よりも、父親と同年代のマリアンにばかり興味を示す男たち。逆に言えば男たちは中心でしかいられないマリアンの周辺にしか居場所がない。一方、カラオケで身体を寄せ合う元恋人とその娘の姿がマリアンには面白くない。多くを語らないペンの存在感は常にミステリアスで、「理由があって」ハリーが本当に父親なのか鑑定するつもりだと言う。彼女だけが何かしらの真相を知っているようで明かされない。まるでペンはマリアンというレコードの批評家だ。いつもちょっと引いて眺め、三角関係というレコードを聴いているかのようだ。

自分の価値観で楽しさを押しつけるようなハリーは、陽気だが強引で、過去に生きる古い男だ。仕事のことで口うるさく言ってきたり、勝手に知り合いを呼んできたりと、自分たちの生活のペースを明らかに乱すことにポールは辟易している。浮気を繰り返してきたハリーと違って、休職中なこともあるポールはマリアンに尽くしてきた。そんなふたりがうまくいくはずもなかった。マリアンの肩についたキスマークを見たポールはハリーを呼び出す。ハリーもまたポールとペンが何かあったということに感づく。そして、まさかと思うほどあっけなく喧嘩によってハリーは死んでしまうのだ。朝、プールの底に沈んだ死体が発見され、マリアンは出なくなった声で絶叫する。

誰の感情もクロスしない。そこにはマリアンという絶対的なスターがいるからだ。常に中心にしかいない彼女にはその自覚はないのだろうけれど。彼らの関係性はできあがってしまっていて、変わることがない。だからまるでゲームのように誰かひとりが欠如しなければ、それぞれの何ひとつも交わらないままに終わっていただろう。それを埋めるように誰と誰が身体を重ねようと、何も変わらない。事件が起こったことで、ペンが自身の年齢を偽っていたことや、本当はイタリア語が話せたことがわかる。ペンはひとり島を去り、ポールはマリアンに懺悔し、マリアンはかすれた声で赦すしかない。そんなことと関係なく島の風は相変わらず強い。

ハリーが沈んでいたプールの底には、あるはずのないレコードが一緒に沈んでいた。ローリング・ストーンズの「エモーショナル・レスキュー」だ。振り向いてくれない彼女のことを歌った曲だ。なぜこのＬＰがあったのか。それはポールの手向けの花だったのだろうか。父かもしれない男に対する娘のせめてもの哀悼なのだろうか。それとも、古い記憶とともに安らかな眠りを願ったマリアンの心の声だろうか。もしくは、陽気さを忘れなかったハリー自身の自分の華やかな人生の退場にかけたテーマソングだったのかもしれない。

[第三部]　家族愛

女神になった少女

『ハッシュパピー　バスタブ島の少女』（ベン・ザイトリン監督／アメリカ、二〇一三年公開）

リアルなファンタジー作品に巡りあった。いや、ファンタジーとは常にリアルなものなのかもしれない。

バスタブ島というのは架空の島である。ここでは何もかもすべてがうまく回っていた。食、生物、人々の生活、自然界の恵み。しかし百年に一度の嵐が来たことで島は崩壊してしまう。父親も病気で死に直面しようとしている。そこで本作のヒロイン、ハッシュパピーは力強く闘って生きていくのだが、やはり圧倒的な存在感から目が離せない。

少女は戦士である。ヒロインといっても、彼女の場合、ヒーローといったほうがしっくりくるかもしれない。ハッシュパピーは自然界のなかでたくましく、男の子同然に育てられる。ここではこの少女は少女としての機能を発揮しているわけではない。この物語のきっかけとなったのは、監督の友人であるルーシー・アリバーの戯曲「Juicy and delicious」（世界の果てで父親を亡くした少年を描いた黙示録的コメディー）だという。しかしこの構想は、父親と少女の話に変更されることになる。

古典神話には三相一体の女神のモチーフがよく登場する。創造神、育成神、破壊神である。この物語のなかでは女性性(母性)というものの不在である。「お母さんは私を生んだ後出てっちゃった」ので、ハッシュパピーは母親の愛情を受けずに育つ。そこで四人の少女(まるでアイドルグループみたいだ)は母を求めて海を渡るのだが、行き着く先は娼館のようなバーである。これがまた非常にきらびやかで夢の世界のような、というかさっきまでの森の世界と海を隔てただけで存在している世界とはとても思えないのだ。

話は前後するが、嵐の後に政府から強制退去を余儀なくされ連れていかれた施設も、バーとはまた違った意味で別世界なのである。ハッシュパピーはどこにも留まらない。必ずバスタブ島へと戻ってくる。バーで母親らしき人物と遭遇するが、やはり留まらない。そこではっと気づいた。少女たちに必要なのは母の愛情を受けることではなく、母性を自らのものとして取得することだった。抱擁だけで彼女たちは一瞬で母性を手に入れた。そこにひとつの希望が見えてくる。ハッシュパピーは闘う少女から女神へと姿を変えたのだった。

監督のベン・ザイトリンは一九八二年生まれで、長編映画は初監督である。この神話的な物語が現代においてなぜ選ばれたのか。奇跡的なのは語り手であるハッシュパピーの子供特有の想像力が、この物語自体の幅を広げていることである。細部や綿密さに捕われることなく、ある意味で愚直に、感じたままに語られることによって物語はより一層過剰さを帯びる。子供の頃に読んだ絵本、知らない国の物語、お伽話、これが本当のことなのか、架空の話なのかがわからなくなってしまったあの感覚が蘇る。自分自身が赤毛のアンになったかのように。物語のなかにはオーロックスという架空の動物が存在する。オーロックスは、気象の変動によって遥か昔に氷河に閉じ込められた動物が蘇ったという設定である。巨大な動物で、見るからにおそろしい。しかし島に戻ったハッシュパピーの目には、もう恐ろしいものとしては映らない。少女は女神になってしまったからだ。彼女は三相の女神をひとりでまっとうする。世界の再創造がこれから始まる予感に胸が高鳴るだろう。

成功の鍵となったキャスティングの経緯がちょっと変わっている。主演のふたりはまったくの演技初経験。オーディションを重ね、見事抜擢された。父親ウィンク役のドワイト・ヘンリーは当時、オーディション会場の向かいでパン屋を経営していたのだという。また、主演のクヮヴェンジャネ・ウォレスは四千人のなかから選ばれたスーパーシンデレラガールである。幸運にも彼女が来日の際に立ち会う機会に恵まれたのだが、撮影当時六歳の彼女はそのとき九歳になっており、子供らしく力強い目をした少女は、いつの間にかセクシーでチャーミングな一人の女優になっていたのだった。

母をえぐることは自分をえぐること

『マイ・マザー』(グザヴィエ・ドラン監督/カナダ、二〇一三年公開)

予感のようなものは存在する。あ、これはなんか、来てるな、というか、向こうから勝手にもう押し寄せてくるような感じというのか、そういうにおいのする映画は不思議なことに確かに存在する。インターネットでぱらりぱらりと新作映画をチェックしているときなどにもあるし、実際に映画館に行ってチラシを手に取ったときにも感じる。

これまでにも本書に書いてきたが、グザヴィエ・ドランの作品には常にそういう匂いがする。デビュー作であり、ドランの原点とも言えるのが、半自伝的な物語とされる本作である。原題だと『I killed my mother』。シンプルであるがゆえに恐ろしいタイトルだ。

本作はカンヌ国際映画祭でも三冠を獲得した。母親との関係に苛立ち、悩み、やりきれない感情をまだ少年の身体のなかに潜ませている。十七歳という繊細で暴力的な年齢をドランが演じる。これは彼のインタビューなどを読んでいても強く感じたのだけれど、彼は殺気立っている。年齢的にも自分自身と世代が重なることもあるかもしれない。とにかく敏感さが色っぽい。そんなとき、映画とは彼のことなのだと思う。頭のなかにある世界がそのまま映画の画面を通して惜しみなく表現されている。つまりもう、奇跡の光景を観たなどと言ってもまったく誇張ではないのだ。

すべての親子が仲がいいわけではない。幸い私は、母との関係は良好であるが父親とは疎遠だった(父からの愛情というものをほとんど感じたことがないと言うと、概ね、本当はそんなことない、娘が大事じゃない親がいるわけがない、と何の根拠もなく言われる。子供より自分のことのほうが大事な親がいたところで、これといって不思議なことはない。親は最も近い他人である)。それでも、血の繋がりだったり、一緒に暮らさねばならない生活という環境のなかで、無視できない存在であることは否めない。何をしても、煩わしい以外のなにものでもないとしても、気がつけば自分に食い込んでくる。そして子も親に痛みを与える。母親になるのも息子になるのも自分の想像の域を超えるものである。ある日、突然母になり、子は気がつけば生まれたときに母がいて、という当たり前のことは未知なる世界なのだ。構築された人間関係とは違う。そうでしかないことをひたすら受け容れるしかない。母を選ぶことも子を選ぶこともできない。

殺したいほどの感情というのはそう簡単に抱くものではない。幼少期に見た風景や記憶、既にあるという、無言で押しつけてくる存在の理不尽さ、強くて脆い愛の片鱗。すべての思考や記憶は自分の身体の肉のようなもの。母親は、子にすべてを与えようとするだろう。人間として成長していく過程で、知らず知らずのうちに必ず子に食い込んでゆく。母をえぐることは自分をえぐることにもなる。映画のなかで、母と息子が言い争うシーンは特にそれを具現化していた。言い争いの会話はとんでもないリズムをもって想像力をかき立ててくれる。ここに主人公の少年が同性愛者であるという要素が加えられている。ドラン自身の投影とも言えるが、それは特別な設定ではなくあまりにナチュラルに表現されていた。

自分はこの下品な女から生まれたのだし(そうは言っても、母親役のアンヌ・ドルヴァルは、映画というスクリーンを通してみると非常に魅力的な女性であることは間違いなく、ドランの主演であり映画監督という立場にあっての本作で彼自身の底力を見せつけられたように思う)、赦し難いが、どこかでどうしようもなく強く彼女のことを愛し、また愛されていることもわかる。愛はつくづくどうしようもない。ここには彼なりの「愛し」＝「殺し」方が描かれているのだ。

過剰な愛の周辺を彷徨う人びと

『トム・アット・ザ・ファーム』（グザヴィエ・ドラン監督／カナダ、フランス、二〇一四年公開）

前項にも続き、グザヴィエ・ドラン大好きなことは十分すぎるほど伝わっているだろうけれど、今までこんなにドランらしからぬグザヴィエ・ドランを見たことがない。この五年間で五作品と、年一本ペースというハイペースで作品を撮り続けてきた若き監督。数々の激しい愛の物語には、演歌にあるような小節があって、しかも中毒性がある。それをドラン節と呼ぶことにしているのだが、そのドラン節が出てくるのをいまや遅しと待つ、そういったお待ちかね心理が働いて、彼の映画を観ることは、高揚感とともにある種、祭りへの参加のようなものであった。それが、どうしたことか、のこのことひとり祭り気分で法被なんぞ着ていったら、周りが全員ジャージだったというようなこの状況。映画のどこを見渡しても、スタイリッシュでモード感漂う人々はいないし、派手な色彩感覚も薄れて暗く、オシャレな家具も出てこない。

祭りの会場を間違えたかと思っていると、そこに現れるのは金髪にダサい服装に眼鏡の男……よくよく見ればドランではないか！　しかも都会とはかけ離れた広大な敷地のなかを車で走っている。

出だしからして、今までとがらりと毛色を変えての本作であるが、それもそのはず、今回初めてオリジナルではなく、戯曲を映画化したのだ。舞台を観にいった帰り、すぐに映画化の話を持ちかけたのだという。原作ありきの作品であると知り、急激に安堵し、妙な感動を覚えた。これまでのスタイリッシュで、都会的で、なおかつロマンティックなドラン節を、彼の得意分野であろうそのスタイルを自ら打ち壊しにかかったのである。

事故で失った恋人ギョームの葬儀へ参列するために彼の田舎へと向かう、ドラン演じるトム。辿り着いた田舎の農場は不穏な空気が流れ陰気くさい。今にも何やら事件が起こりそうな恐ろしさが漂うなか、トムはギョームの母親アガット(リズ・ロワ)、そして兄のフランシス(ピエール＝イヴ・カルディナル)と対面する。アガットは自分の息子のギョームが同性愛者であることを知らされていない。それどころかサラ(エヴリーヌ・ブロシュ)という恋人がいると信じ込んでいるのだ。田舎においてはまだ極めてタブーなのだろう、保守的なにおいが鼻をつくその家で、トムはあくまで友人として振る舞うようフランシスから脅されるが、恋人を失った悲しみから友人として弔辞を読むことはできなかった。

そこから、フランシスの異常な圧力によって、トムはその灰色の農場に長らく居続けることになる。失った恋人ギョームの服を着て、彼がしていたように農場を手伝い、彼の部屋で眠る。ただでさえ恋人の死からボロボロになったところに、畳み掛けるように接してくるフランソワは、獣じみていて本当に恐ろしい。研ぎすまされた嗅覚を持ち、本能的ですらある。弱っている人間たちが互いに依存し合うのは簡単だが、そこから抜け出すのは難しい。トムとフランシスはギョームという共通の喪失された人物の影に、恐ろしいまでに支配し支配され合う。弱さと暴力は相性がいい。弟の思い出を全身に纏った男と、恋人の面影を漂わせる男。ふたりが踊るシーンは、とても優しくて、他のシーンとはそこだけ温度が違う。そして何より、フランシスは人気のない田舎においてギョームとの本当の関係を知る唯一の理解者でもあるのだ。気をまぎれさせるものが何もない、広い農場と家のなかで、居もしないギョームの影が彼らを支配し続ける。ふたりはまた、死んでしまったギョームを愛する者たちとして、美しい嘘で塗り固める共犯者でもある。

未だサラという恋人の存在を信じている母親のために、わざわざ実在するサラを田舎へと呼び寄せるが、彼女からしたら、この田舎の息苦しさから一刻も早く逃れたいばかりである。そんななか、ひとり現実味を帯びたサラの告白は非常に冷酷で、ギョームの人物像を汚す存在でしかない。自分が恋人であることすら堂々と言えない、周囲へ嘘をつかなければならない、そういう常にどこか抑圧された、健全とは言いがたい情況での愛が過剰になるのはいわば当たり前かもしれない。トムは心からギョームを愛し、フランシスも田舎という抑圧された空間で過剰に弟を愛していたのだろう。

この物語は過剰な愛の周辺を彷徨う人物たちの物語である。死んでしまったギョームの存在が何より恐ろしい。今回は音楽に関しても他作品と違い、メインで使用していない。ドラン自身の言葉を借りればミュージック「イン・ザ・フィルム」ということである。ミュージック「オン・ザ・フィルム」ではない。それゆえ、空気感もありありと生々しく際立っている。その田舎の空気にいつの間にかとけ込んでいくというのに、なぜ、トムは農場を去らなければならなかったのか。過去に事件を起こした兄は、なぜそこまで過剰になったのか。この救いようのない愛の物語を、本作のキャッチコピーである「僕たちは、愛し方を学ぶ前に、嘘のつき方を覚えた」とともに噛みしめた。トムは農場を去ってもこの映画のなかから去ることはできない。「トム・アット・ザ・フィルム」は変わらない。

既視感からくる懐かしさ

『思い出のマーニー』(米林宏昌監督/日本、二〇一四年公開)

ジブリ映画にいまいちピンときたことがなかった私にとって、この作品はがらりと景色を変えてくれるとても素敵な出会いとなった。『借りぐらしのアリエッティ』(二〇一〇年)で初監督をした米林宏昌が監督を務める。原作はイギリスの児童文学で、元々は自分のふたりの娘のために書かれた物語である。舞台を日本の北海道に移しての映像化が実現した。

杏奈とマーニーというふたりの少女をヒロインに迎え、ひと夏の出会いと繊細な心の交流を描いている。いや、心の交流などという柔らかい言葉よりも魂の交流とでも言った方がいいかもしれない。この作品の素晴らしさは、少女の瑞々しい成長ぶりと出生を巡る運命の謎解きという、細やかに織りなされたストーリーラインの完成度の高さにもあるが、何よりもひとつひとつのシーンの彩りの豊かさとディティールにあるのだということを最初にまず言いたい。そして主題歌を歌うプリシラ・アーンの歌声とメロディも最高にマッチしている。

ある過去のトラウマから心を閉ざしがちになってしまい、そんな自身のことを肯定することもできないでいる杏奈は、それまでのジブリヒロイン像とは大きく異なる。驚くまでのネガティブヒロインなのである。どこにも溶け込もうとはせず、自分は他の子たちとは違うと自覚しているので、当然のこと、仲のよい友人もいない。安易に他に頼ることもなく、感情表現も乏しい、さみしさを抱え込んだ、ある種とてもやっかいなこのネガティブヒロインは、もうひとりのヒロインであるマーニーとの出会いで人間的な魅力が開花する。

療養のために夏休みを利用して訪れた先で、ふたりは運命的な出会いを果たす。湿っ地屋敷と呼ばれる、入江に佇むマーニーが暮らす家の近くで、日ごとに秘められた密会を重ねていくふたり。潮の満ち引きには夢へと誘う力がある。優美に異次元の境界を曖昧にする。杏奈がマーニーに寄せる感情の数々はどれも淀みなく、ストレートだ。彼女の可愛らしさへの憧れ、優しいまなざしでのスケッチ、ボートの漕ぎ方を教えてもらうのには頬を赤らめ、見知らぬ人の名前が出れば嫉妬し、会えないと気になって仕方がない。その細やかな表現のひとつひとつは、まるで恋をして熱にでも冒されたようであった。少女たちは互いに「あなたならよかったのに」と思う。決して埋まることのないさみしさを、甘え下手な少女たちが吐露した安堵の表明ともとれる。少女独特の愛情と友情の描き方は別格に素晴らしい。杏奈が屋敷のことをはじめ、互いのことをそもそも知っているかのように感じるのは物語には重要な要素なのだが、この既視感からくる懐かしさは、夢のなごりによく似ている。起きてもまだ、夢が身体に残って醒めない、少し火照ったあの感じそのものだ。

また、容姿をはじめとして育った環境など、まったく逆の要素で構成されるふたりの少女たちの立場の軽やかな反転ぶりがとても印象的だった。単に〈ふたりの少女〉を描いているのではなく、どちらかが男役、もう一方が女役、とでも言うのか、場面に応じて見事な役どころの変化を遂げるのである。そのことからも、時折あたかも一人二役かのような錯覚ぶりに陥ったが、そのようにぼんやりと感じたことが物語の深いところで重要な意味をなしていたことに後で気づかされ、はっとさせられたのだった。

自分自身のことも他人に対しても客観視しすぎることで「自分のことなど大嫌いだ」と思う杏奈の思考回路はやや自虐性を帯びており、ゆえにマーニーの存在自体も現実のものではないというような意味のことを実際に口にしてしまうことも、悲観ではなく、心を開かずに世間に対して客観的な視点を帯びてしまった杏奈のクールな感想なのだったが、そんな大人びてしまった少女の諦めよりも、遥かに壮大なスケールでマーニーが存在していることには驚きと感動を覚えずにはいられないだろう。マーニーの存在にはどこか日本の古典に登場する幽霊を彷彿させる切なさがある。美しい土地と、誰かを好きだと思うその気持ちだけで構成された、ひんやりとした甘いお菓子のような不思議な触感。痛ましいほどの現実の直視であり、凡庸なファンタジー作品などではないことは明言しておきたい。好きという感覚が母性に抱擁される見事な変貌ぶりを確かに見た。

真実の愛のキスは存在しない

『マレフィセント』（ロバート・ストロンバーグ監督／アメリカ、二〇一四年公開）

一九五九年に製作されたディズニーのアニメーション映画『眠れる森の美女』に登場する魔女マレフィセントに焦点を当てて描かれた本作。アンジェリーナ・ジョリーが主演を務め、なぜマレフィセントが悪役になってしまったのかという理由が解き明かされる裏の物語となっている。ステファン王（シャールト・コプリー）の娘として生まれたオーロラ姫（エル・ファニング）が、十六歳の誕生日の日没までに糸車の針に指を刺して永遠の眠りにつくという呪いをかけられる。その呪いは誰も解くことができず、真実の愛のキスのみが眠りから目を醒させるというものである。

もともとの物語には、マレフィセントがオーロラ姫の洗礼式に招待されなかったことに腹を立てたと描かれているが、この作品ではもっと因縁深いものになっている。それも脚本を手がけたリンダ・ウールヴァートンが、原作にはマレフィセントは妖精という記述があるのに翼が生えていないことを不思議に思い、かつて翼を盗まれたという設定を思いついたのだという。

妖精たちの住むムーア国に暮らしていた少女時代のマレフィセント（エラ・パーネル）は、迷い込んできた、まだ少年時代のステファン（トビー・レグボ）と知り合う。当時はまだ納屋に暮らしており、いつか城に住むのが少年の夢だった。ふたりは仲良くなりやがて恋に落ちるのだが、大人になるにつれて欲望に飲み込まれていったステファンは、マレフィセントのもとから離れていく。そして城でヘンリー王（ケネス・クラナム）に仕えるようになった。かつてムーア国を滅ぼそうとして破れていたヘンリーは、戦いに破れた王として歴史に名が刻まれることを恐れ、マレフィセントを倒した者に王位を継承するとした。かつてマレフィセントと仲のよかったステファンは、王の企みを警告するふりをして彼女に近づき、睡眠薬で眠らせて殺そうとするが結局殺すことはできず、翼を切り、持ち帰ることで王位を手に入れることとなった。

自慢の翼を奪われ、愛を信じなくなったマレフィセントは邪悪になっていく。捕われていたところを助けたカラスのディアヴァル（サム・ライリー）が彼女の手下になり仕えるようになる。一度は愛し、信じた男の裏切りが心優しかったマレフィセントを変えていってしまうのだ。その恨みは根深い。真実の愛などないことを彼女は知った。呪いを解く鍵となる「真実の愛のキス」など存在しないのだ。十六歳になるまで自分の出生の秘密を知らされないままに、オーロラ姫は三人の妖精たちによって育てられる。しかし、おっちょこちょいな三人の妖精たちは子育てにまったく向いていなかった。影からその様子を見ていたマレフィセントは、こっそりとオーロラが危険な目に遭うのを魔法で救うなどして助けていた。徐々にマレフィセントのなかに母性が目覚め始める。すくすくと天真爛漫な娘に成長したオーロラはマレフィセントと知り合い「ゴッド・マザー」と呼び、慕うようになる。オーロラの心優しさと、娘のように思う気持ちからマレフィセントは呪いをかけたことを後悔し、解こうとするがその呪いは誰にも解くことができない。そして十六歳の誕生日をいよいよ迎えようとするオーロラは、魔法に導かれるようにして永遠の眠りにつく。

マレフィセントは悪役ではあるが、ここに登場する人間たちよりも遥かに人間らしい感情を持っている。人を信じようとすること、赦そうとすること、嫉妬すること、恨むこと、後悔し、そして愛そうとすること。もともとのストーリーでは運命の相手であるフィリップ王子（ブレントン・スウェイツ）のキスでオーロラは目覚めることになっている。そしてフィリップ王子によってマレフィセントは殺されることにも。しかし、出会ったばかりのフィリップ王子のキスでは目覚めることはなかった。出会ってすぐに真実の愛が芽生えるわけがない。オーロラを救ったのは長年、彼女を見守ってきたマレフィセントのキスだった。彼女自身が真実の愛などあるはずがないと思っていたのに、自分自身が持っていたのである。オーロラの心優しさはマレフィセントの凍りついた心を溶かしていったのだ。復讐に燃えていた心に、もともとあった優しさと愛を取り戻させた。

ディズニー映画らしく、マレフィセントも死ぬことなくハッピーエンドで物語は終わる。戦いではかつて愛したステファンだけが死亡する。そして分裂していたムーア国と人間の国は統一され、オーロラは王女になりフィリップと暮らすことが描かれている。正義が勝つのではなく、マレフィセントとオーロラによってもたらされたのは中立、調和であることは非常に興味深い。邪悪さを持ちながらも根底には愛情深いマレフィセントのキャラクター像をアンジェリーナ・ジョリーは見事に演じきっている。ブラット・ピットとの離婚には驚かされたが、慈善活動にも力を入れ、養子も含め六人もの子供たちを育ててきた彼女自身の生き方が、マレフィセントの優しさと強さに説得力を持たせているというのは少し強引かもしれないが、女の度量が確実に現れている。また幼少期のオーロラ役でアンジーの実子である四歳のヴィヴィアン・マーシェリン・ジョリー＝ピットが出演している。ラナ・デル・レイがカバーした主題歌「Once upon a dream」が作品の余韻をより一層上質なものにしており、ぜひ注目してもらいたい。続編にアンジーが出演するというニュースも流れてきたので、それも併せて楽しみだ。

マザー・コンプレックスでない人などいるのだろうか

『Mommy マミー』(グザヴィエ・ドラン監督／カナダ、二〇一五年公開)

世界の映画祭にすっかり常連で、カンヌは自身の出発点だと語るグザヴィエ・ドランはゴダールの3D映画『さらば、愛の言葉よ』(二〇一四年)と並びカンヌ国際映画祭で審査員特別賞を受賞した。そのときのドランのスピーチが大きな感動を呼んだことは言うまでもない。授賞式に現れなかったゴダールの反逆児ぶりは健在である一方、「ヌーヴェルヴァーグは大嫌い、自惚れたムーブメントにすぎない。共感はできない」とあっけなく語ってしまう若きドランもまた相当な大物である。

もちろん彼がそう語るのには大きな理由がある。感情表現を何より大切にしているドランにとって、ヌーヴェルヴァーグの頭で考えられた美しさは理解こそできるが、自身が監督として、あるいは役者として表現すべきこととは明確に異なるのだ。

1：1のアスペクト比で撮影された『Mommy マミー』は、自身が撮影したMVからの発想だという。余計なものが削ぎ落とされシンプルなこの構図では、登場人物の表情の豊かさが際立つ。『トム・アット・ザ・ファーム』でも、音楽は映画のなかにあって、映画の上に乗るものではないと語っており、音楽と映画の立体的な関係性が不思議な幸福感を生み出している。劇中に流れるのは、亡くなった父とカリフォルニアへ車で家族旅行したときに聴いていたという設定のベスト盤で、本作の映像と見事な共犯関係を結んでいる。ドランの作品への意欲と挑戦的な表現方法は「若さゆえに」というネガティブさを微塵も感じさせない。圧倒的なパワーが漲り、健全な美しさを兼ね備えている。

舞台は二〇一五年、架空の国カナダである。映画の最初に法律に関する説明が記されている。S14法案「発達障害児の親が経済的困窮や身体的・精神的な危機に陥った場合は、法的手段を経ずに養育を放棄し、施設に入院させる権利を保障する」というものだった。シングルマザーのダイアン（アンヌ・ドルヴァル）は、多動性障害の息子スティーヴ（アントワン＝オリヴィエ・ピロン）にうんざりしながらも必死で彼と向き合おうとする。優しい面を持つ一方で、攻撃的でもあるスティーヴとダイアンの会話の激しさは夕立のようだ。母親と子はドランにとっての原点とも言えるテーマであることは言及してきた。アンヌ・ドルヴァルはドランの処女作品『マイ・マザー』(二〇〇九年)でも母親役を演じた。同じ女優、同じテーマでありながらも本作は『マザー』とはまったくの別物である。前作は息子の視点が中心であったのに対して、今回は母の視点で息子を捉えている。母子のつながりというのは他のどんな関係とも違う。そして普遍的である。マザー・コンプレックスではない人など果たしているだろうか。子は母の存在を否定し、愛し、傷つけ、確かめようとする。母の存在は常に自分の存在の確認でもあるのだ。

ドラン自身がシングルマザーの母に育てられ、子供の頃から大人を観察してばかりいたという。知的で大人びていながらも素直さと純粋さのあるドランと、スティーヴ、あるいは『マイ・マザー』のユベール・ミネリとをどこか重ねてしまう。愛しすぎ、理解しすぎることは、時折どうしようもなく辛い。お互いの痛みがそのまま自分の痛みになるからだ。痛みを倍にしてしまうような関係がこの親子であり、多くの親子の話でもある。喜びもまた然り、だが。

この物語にはもうひとりの女性が登場する。向かいに住む高校教師のカイラ(スザンヌ・クレマン)は心を閉ざしてしまい、現在は休職中である。彼女も夫と幼い娘のいるひとりの母親だ。カイラはひょんなことからスティーヴの家庭教師を引き受ける。曇っていたガラスがほんの少しずつ透明になり、向こう側が鮮明に見えてくるように、彼女は少しずつ生きる実感を取り戻していく。順調とは言えないが、母子ふたりとの間に不思議な調和が生まれているのが伝わってくる。潜在的な彼女たちの強さがスティーヴの優しい部分と共鳴しているようであった。閉ざされていたのはカイラだけではなく、母子もまたそうであったのだ。

ダイアンの長い夢想シーンがある。それは息子スティーヴが大学に行き、結婚するというごくごく普通の幸せだった。ここにはそんなありふれたものがない。こんな幻想的なシーンは『マイ・マザー』にも見られた。憎んでいたはずの母の若い頃のドレス姿、息子の過去の入り交じった回想のようなシーン。未来と過去が描かれるという点こそ違えど、このふたつの幻想的な映像は、強すぎる愛が生み出した幻影であり、憎しみと愛情が表裏一体になった象徴でもあるように感じさせる。「私たちには愛しかないでしょ」というダイアンの言葉はどこまでも深く胸に刺さった。この親子の決断をぜひ見届けてほしい。母子とひとりの女の勇敢さに、常に誰かの子である私たちは救われる。

母へのまなざし、そして敬意と讃歌

『母よ、』（ナンニ・モレッティ監督／フランス、イタリア、二〇一六年公開）

これまでナンニ・モレッティは多くの経験を映画のなかに取り込み描いてきた。今回も実の母とのやりとりをモデルに『母よ、』がつくられた。モレッティ自身の役所をマルゲリータ・ブイに託し、大胆にも女性監督という設定に変えた。モレッティ自身はマルゲリータの兄という役で出演している。

「役は演じることも大切だけどその横にいることが大事」と、劇中にマルゲリータは役者に向かって言う。実際にモレッティが役者によく投げかける言葉だという。この言葉の意味を読み解くことはそう容易ではないが、少なくともモレッティが自身の経験に基づくがゆえに、より客観性を保とうとすること、監督としてだけでなく役者として作品のなかに佇もうとする距離感、そして何よりマルゲリータのすぐ横で見守ることで、母へのまなざしを投げかけられる絶妙なポジションにいようとしているということを読み取ることができる。

自身と母アーダとの物語でありながら、同時に女の物語というもうひとつの側面が出てきたことは、安易な架空の女性讃歌なるものへの迎合ではなく、あくまで母親への讃歌であるように思えてならない。死期が近づきつつある母親のことが気にかかるなか、監督として、母親として、母の娘として、そして女として慌ただしい日々を送るマルゲリータ。苛立ちは重なり合い、負の相乗効果で情況はどんどんと悪化していく。すべてに疲れきり、心の拠りどころを見いだせなくなったマルゲリータがときおり見る夢のなかや回想に似たシーンでは、彼女の危うくなった精神世界を垣間見させる。傲慢で台詞も覚えられない出来の悪い主演俳優と、君は不満ばかり言うと冷静に分析してくるも、気分をただただ下げてくるだけの元恋人など、男性たちの子供っぽさが際立ち、シリアスな情況のなかにどこかユーモラスさが顔を出すのが面白い。

この映画はマルゲリータのめまぐるしい情況を軸に描きながらも、どこかとても穏やかだ。母の命がゆるやかに終わりに向かっていき、それを受け容れて生きているように、映画自体の流れはとても優しく、まるで大丈夫だからと母親が小さい子が泣きじゃくるのをあやすように、包み込む不思議な力を持っているのだ。現状にあがくマルゲリータと静かに生きる母の対比が際立つ。

母のアーダはかつてラテン語の教師だった。彼女がいかに慕われていたのか、訪れてきた元教え子たちの姿から伝わってくる。教科書以上に人生のことを教えてくれたのだという彼らの言葉はマルゲリータにも響く。そしてマルゲリータにとっても、いつの間にか母の存在が彼女にとっての拠り所だったということに気づく。母の言葉は何よりも彼女を救う手がかりとなる。大きな優しさに触れ、絶えず苛立ち、悲しみのなかにいたマルゲリータの態度は変化する。一度は全壊しかけた主演俳優の孤独を受け容れ歩み寄ることさえできた。娘との時間も大切に感じる。停滞していたことは必ずまた動き始める。何かが少しずつ変わっていく。時間に追われ、疲れ、まるで止まってしまったように見えたとしても、時はその間も緩やかに流れていき、緊張は弛緩し、映画の撮影は進み、そして同時に人は誰しも死に近づいていく。

「役に重ねて演じているあなたを見せて。あなた自身よ、自分を消さないで」

マルゲリータが撮影中にある俳優にこう語りかけるシーンがある。役者はその意味をなかなか理解できていないという顔をする。役を演じながらも自分そのものを消してはならない。これは先に書いた「役の隣にいる」ということと多く共通するところがある。役になりきるのではなく、役を通して人間そのものを見たいのだという。これはモレッティが自分自身の人生をさらけ出して物語を紡いできたからこそ、身体の奥底から出てきた言葉かもしれない。マルゲリータの身体を通して、モレッティの母へのまなざしと敬意が痛いほど伝わってきた。最後まで未来を見据えている母アーダの目もまたどこまでも優しく、エンドロールはマルゲリータが目をつむるのとおそらく同時に、この映画を、美化でも強調でもない、ひとつの真実として描き出していた。

変わらないでいることの価値

『山河ノスタルジア』(ジャ・ジャンクー監督/中国、日本、フランス、二〇一六年公開)

かつてドキュメンタリー映画『ジャ・ジャンクー、フェンヤンの子』(ウォルター・サレス監督、二〇一四年)のなかで見たジャ・ジャンクーは、故郷フェンヤンで仲間たちと酒を飲み語り合い、とても楽しそうでリラックスした表情をしていたのが印象的だった。とてもプライベートな面が強い作品で、作品からイメージしていた人物像とはかなり違って驚かされた。

生まれた土地。そこからは何かしらの影響を受ける。それは年を重ねれば重ねるほど自然と強くなってくるものかもしれない。ジャ・ジャンクーはこの映画をつくるにあたり、母親との実際のやりとりが元にあったことを明かしている。映画監督として成功し、家にお金を入れるようになっても、母の顔が明るくなることはない。必要なのはお金でも物でもなく、彼の存在そのものだということに気づかされたという。

この『山河ノスタルジア』は、ジャ・ジャンクー作品のミューズ、チャオ・タオが演じるタオという女の物語でもある。物語は過去、現在、未来の三つの時間軸を通して進んでいく。

一九九九年、幼なじみだったタオ、リャンズー、ジェンシンの三人は恋の三角関係にあった。若く、眩しく美しいタオ。炭鉱労働者のリャンズー（リャン・ジンドン）と実業家のジェンシン（チャン・イー）は何事も対称的な二人である。大人しいリャンズーと、強引な面もあるが自信家で行動力のあるジェンシン。このふたりから想いを寄せられるタオは最終的にジェンシンとの結婚を選ぶ。友情関係は脆くも崩れ去り、恋に破れたリャンズーは家を捨て、故郷を去っていってしまった。三人が海辺に佇むシーンは見事な三角関係をつくり、完璧な構図をつくり上げる。そしてタオはジェンシンの息子ダオラー（ドン・ズージェン）を出産する。

二〇一四年になると、タオはフェンヤンにある広い豪邸でひとり暮らしている。ジェンシンと離婚し、息子とも離れての生活は、愛犬だけが変わらずにずっと一緒だ。ジェンシンの投資家としての成功により、彼女の生活は安定し裕福ではあるが、派手なわけでもなく静かで孤独な生活を送っている。ある日、リャンズーが妻とともに故郷であるフェンヤンに帰ってきたが、彼は貧しく病気で先が長くなかった。金銭的に援助し、かつてリャンズーが出ていったときに捨てた鍵を渡す。そんななか、自分の唯一の味方と言ってもいい父親が急死し、それを機に離れて暮らす息子と葬儀で再会する。ふたりが別れた理由は多くは語られないが、ジャ・ジャンクー独特の飛躍と繊細な描き方で容易に想像することはできる。息子は母親であるタオのことをいまいちわかっていない様子で、おまけにジェンシンの教育方針により、英語は話せてもまともに中国語が喋れなかった。息子の将来を考えると自分といるよりジェンシンといることのほうがいいと納得しようとするも、そこには母親としての苦渋が読み取れる。この現在パートでは、タオの母親としての葛藤と強さを見事に体現してみせた。

そして二〇二五年。タオの息子、ダオラーが物語の中心になる。オーストラリアでの生活が長く、中国語が喋れなくなってしまったダオラー。彼にはほとんど母親との記憶がない。親子ほども年の離れた中国語教師のミア(シルヴィア・チャン)との交流を重ねるうちに、ダオラーは無意識に母親の面影を追い求めるようになっていた。中国語が喋れないことで父親ジェンシンとの間にも確執が生まれ、通じ合えないことを実感してしまう。この未来パートでは焦点が息子ダオラーに当てられ、タオはほとんど出てこないが、母との微かな記憶が彼を包み込み、支配していることがわかる。幼くしてオーストラリアに移り住み、故郷の記憶はほぼないに等しくとも、ダオラーは心の拠りどころを探し求めようとし、それはおぼろげな故郷への念なのである。ミアを演じているシルヴィア・チャンも色気と知性が滲み出ており、若い教え子との距離感にどぎまぎする様など、圧倒的な存在感を放っている。

もともとの意図ではないらしいが、この三つのパートはフレームがすべて異なっており、一本の映画のなかで見事に時代を分けて描いていた。もはや過去や未来という切り分けにはおさまりきれない、三つの現在が描かれている。チャオ・タオにこの作品のすべてが託されていると言っても過言ではない。彼女の生き様を描くことと彼女の包容力がこの映画の核だ。表現としては見事に別の時代の描き方をして、その中国の変貌ぶりを描きながらも、まったく変わらないでいるタオの姿に心を打たれる。変わるということに価値を見いだしがちだが、変わらないでいるという価値を改めて教えられる。時代とともに変わることでしか自分を肯定できないジェンシンと、変われたかもしれないのに何かを諦めて変われなかったリャンズーのふたりの男たちの彼岸にタオはいる。二十代から五十代を見事に演じきったチャン・タオの演技力の高さにもただただ脱帽するばかりだ。

これまでもジャ・ジャンクーは生きる人々の生活を切り取り、描き続けてきた。今回の試みは表現方法としては新境地でありながらも、彼が描こうとする根本は何ひとつ変わっていないように思われる。左右されることなく、穏やかな生活のなかで暮らし続けるひとりの女。彼女はいつも変わらずにそこにいる。ジャ・ジャンクーは母親への敬愛を表現し、変わる必要のないものがそのままであり続けることの尊さを説いた。ダオラー同様、その価値にはなかなか気づかないものだ。生活というすのろと欲望にまみれてしまうことや、諦めてただ生きることは簡単かもしれない。かつて私は母親に「何かあってもなくても、いつでも帰ってきていいんだからね」と言われたことがある。そのときは何とも思わなくとも、後にその言葉に救われた。性別は同じであっても、母親になるということは何か特別な、別の次元にあるような気がいまだにしてしまう。

ペットショップボーイズの音楽とともに軽やかに踊ってみせるタオの姿は、時代と関係なく軽やかに生きる天使のようでもある。ふと立ち返り思い出すと変わらずにそこにいることの価値は、生きているうちにどれだけ実感できるものだろうか。ひとり広い家で暮らすタオの生活に孤独さを感じてしまいながらも、同時に穏やかな精神で日々生きていることが羨ましくもある。タオとダオラーの母子が再び会う日を観たいとついつい思ってしまう。息子のために富をもって育ててきた父親のジェンシンとの精神的な繋がりがあまりにも脆く、滑稽ささえ感じられる。ダオラーの存在を通して、観る者に母親との特別な結びつき、そして望郷の念を思わせる。はっきりとした記憶はなくとも、いつの間に刻まれていた大切なものや優しさを蘇らせる。これからダオラーが母を訪ねる旅が始まるだろう。その予感の余韻とともに、かつて感じたことのある母の愛情の欠片を集めてみたくなるに違いない。

禁じられた母の過去、カンボジアの記憶

『シアター・プノンペン』(ソト・クォーリーカー監督/カンボジア、二〇一六年公開)

何かを支配しようとするとき、人間はとても排他的になり、残酷にもなる。想像を絶するほどの残酷な時代がカンボジアにはあった。ポル・ポト政権下、クメール・ルージュ時代には文化人、知識人をはじめ、医者や教師、技術者、映画人、留学経験者に至るまで大量虐

殺が行われた。正確な人数はわかっていないもの、総人口八百万人足らずのうちの三分の一とも言われ、歴史に残る大虐殺となった。虐殺は、クメール共和国が崩壊し、民主カンプチアとなった一九七五年から四年間にも及ぶ。なかには、眼鏡をかけているだけで知識人と見做され虐殺された者までいた。知識が豊富だということは、統治したい人間にとっては邪魔な存在なのだ。自分の言う通りに動く人間を育てたかったからだ。まだ教育を受けておらず、思想を持っていない少年たちで兵をつくり、医療行為、スパイ活動などをさせているという悲惨な現実があった。また食料不足だったために、都心部にいた人間たちは農作業を強要され田舎へと連行された。そして首都プノンペンからは人がいなくなりゴーストタウンと化した。

クメール・ルージュ時代の傷は現在のカンボジアに色濃く刻まれている。その深すぎる悲しみから、いまなおクメール・ルージュについて話すことはタブー視されているという。この映画の舞台となるシアター・プノンペンは、実在する廃墟と化してしまった映画館だ。主人公の女子大生ソポン(マー・リネット)は夜遊びをするような、どうも実際のカンボジアでは珍しいタイプの不良娘だ。親が強引にお見合いさせようとすることに反撥している。彼氏のベスナ(ルオ・モニー)はバイクを乗り回り銃も持っている。ある日、ソポンはシアター・プノンペンに迷い込み、そこで古い幻想的な恋愛映画『長い家路』を観る。そこには自分と顔のそっくりな少女が映っており、彼女はたちまち魅了される。映画館の主(ソク・ソトゥン)に尋ねると、その映画からは結末を映したフィルムだけがなくなっていた。その映画の主演女優が自分の母親(ディ・サヴェット)だったことを知り、結末を完成させようと決意するソポン。今では母親は病のためにかつての輝きを失っていた。映画館主と恋人、大学教授などを巻き込んで撮影に挑む。そして撮影が進むにつれてソポンの両親に隠された悲しい秘密が解き明かされてゆく。

ソポンが自分の母親が女優だったことを知らなかったのは、驚くべきことではない。クメール・ルージュ時代に俳優という職業は恰好の処刑対象だった。映画のなかで、恋人を殺された事実が明かされ、その爪痕が大きく影響して彼女は病んでしまったのだろう。タブー視される風潮があるなかで、娘であっても痛みとともにある過去を語ることは容易なことではなかったはずだ。それにソポンの父親(トゥン・ソーピー)は軍人であり、クメール・ルージュ時代において母とは対立する立ち位置にいたはずだ。母が女優だったという事実は家族の成立を脅かすことにも繋がりかねない。

一九六〇年からカンボジアは映画の黄金期だったという。しかしクメール・ルージュによって映画をつくるどころか当時のフィルムの大半は捨て去られた。許されたのはプロパガンダ映画のみだった。古いフィルムが残っていたのは奇跡と言っても過言ではない。実際に今の日本でも、なかなかカンボジア映画が一般的に観られる機会は他のアジア映画よりも少ないのはその影響も大きい。

本作の監督のソト・クォーリーカーは、自身の母との体験をもとにこの作品をつくったという。自分の意見を持ち、決められた人間関係を打破しようと動き出すソポンには、自己の姿が投影されているのだろう。本作が初演技というソポン役のマー・リネットとは実際に同居生活を送り、役作りに励んだという。自国の歴史、また自分の家族の歴史さえ知らなかったソポンは映画のラストシーンを完成させるという目標によって輝き始める。ソト監督はカンボジアにおいて初の女性映画監督でもある。カンボジアで劇場公開されてから異例のヒットを記録した。映画のなかにも積まれた頭蓋骨が、そこに暮らす人々にとって過去ではないことを伝える。傷跡は癒えることはない。しかし、ソポンをはじめ、これからのカンボジアの未来を背負う世代が、目を背けたくなるような現実や歴史と真っ向から向き合うことは、大きな希望である。

俯瞰のまなざしで

『めぐりあう日』(ウニー・ルコント監督/フランス、二〇一六年公開)

「あなたが狂おしいほどに愛されることを、私は願っている」。この言葉はアンドレ・ブルトンの『狂気の愛』に出てくる一節である。自分の幼い娘に宛てて書かれたその言葉からは、これから待ち受けるであろう人生の困難さと厳しさのなかでも、笑顔が絶えず健康で幸せに生きていってほしいという、強い願いが伝わってくる。まるで世界平和を祈るかのようなこの言葉からは、冷静で、思慮深く、そして優しいまなざしが感じられる。ウニー・ルコント監督の心の奥深くに残っていたというこの言葉を、実の親を知らないで育ったという自身の実体験がより一層、彼女自身の胸に深く刻みつけたのは言うまでもない。『冬の小鳥』(二〇〇九年)に引き続き、実体験を強く反映させた本作は、エリザ(セリーヌ・サレット)というひとりの女性が実の母を探し求める物語であり、母親のアネット(アンヌ・ブノワ)が娘を見つめ続ける物語でもある。

ふたりは物語が始まって比較的すぐに出会うことになる。すぐに親子関係であることがわかるわけではないが、このふたりがおそらく親子であろうということは観ている者にはそれとなくわかる。ふたりはそれぞれにお互いのことを知らず、マッサージ療法を行うエリザの元にアネットがやってくることで出会う。アネットはエリザの息子ノエが通う学校の用務員であることもわかってくる。ふたりには妙な親密さがある。年老いて疲れた裸体を治療のためエリザの前で曝け出すとき、治療のためにアネットの身体に触れるとき、出会って間もないふたりがどこかで信頼しているのが伝わってくる。しかしそれが、後に親子であることが判明するであろうふたりにとっての、わざとらしい伏線なのではなく、その距離感でいることがあくまで自然なこととして成立しているのだ。

先日、小学校時代からの親友の家を訪ねたのだが、彼女にはもうすぐ一歳になる子供がひとりいる。その子は母親がちょっとでも自分から離れると大きな涙の粒を流した。その結びつきに私は戸惑いながらも、不思議な感動を覚えた。肌と肌が触れ合うことや抱きしめ合うことは、大人になると恋人だとか特定の人と特別なときにしかしなくなるが、確かに子供の頃は私も母とずっと手を繋いでいたような気がする。そしてそのとき母に感じた安心感のようなものは、今でも感覚として強く残っている。そしてそれは女同士のテレパシーのような、結びつきに繋がる。女同士だけで通じる、言葉にならない結びつきは確かにあるのだ。それは思い返せばやはり母の手に起因するように思えてならない。女たちは密やかに決断する。アネットは「子どもを施設に入れ」、エリザはひとり「子どもを堕胎する」。アネットを捨てて去った男も、エリザの夫もそれを知らない。彼女たちはひとり決断を抱えて生きるからこそ、言葉にはしなくとも通じ合える。おそらく言葉にしなければエリザの夫は気づくこともないだろう。それは妊娠の可能性の恐怖を感じたことがあるかないかという、とても根本的なことにも繋がる。私が女同士のテレパシーがあるという所以は、ここに遡る。妊娠をマイナスに捉えているということではない。自分のなかに、自分以外の生命が宿るということは、そこから想像する膨大な未来への不安も同時についてくるということなのだ。自分のなかに他者がいるという、この距離感には愛おしさと同時に恐怖がつきまとう。

エリザの息子を見て、アネットはとても優しいまなざしを向ける。それはかつて愛した男の面影を引きずっているからだ。長いまつげとアラブの香りのする顔立ち。自分を捨てたとはいえ、彼女はその男を憎むこともなく、淡々とひとりで暮らしている。おそらくかつてはエリザのようにほっそりとして美しかったのだろうが、今では悪戯な生徒たちに容姿をからかわれる始末だ。おそらくアネットは自分の子供を手放して施設に入れることを決断したときに、女でいることもやめ、すべてを停止させてしまったのだろう。娘くらいの年頃の人間を見るたびに、もしかしたら自分が産んだ子かもしれないと何度思ったことだろうか。それはエリザも同じである。母くらいの年齢の人間を見るたびに、実の母を捜し求めていたに違いない。しかし実際に血の繋がりがあるとわかったとき、そう簡単には受け容れがたいものがある。たちどころに涌き上がってくる疑問の数々に翻弄されるのは当然である。謎解きをすることには慣れていても、いきなり答えが与えられてしまっては戸惑うのも無理はない。それがましてや、日々身近に思っていた人間であれば余計に。

ブルトンの書いた言葉には娘に対するものすごく絶妙な距離感がある。このときブルトンの娘は生後八カ月だったという。そして十六歳の娘に向けて書かれたものである。目の前の本人に向かって語りかけるのでもなく、自分がいかに愛してるかを強調するのでもなく、まだ言葉もわからず、自分を父と認識しているかも朧げな幼子の、おそらくは愛らしく成長しているだろう輝かしい未来に向かって語りかけられている。本作にも繋がる俯瞰の愛である。自分がなぜ生まれたのか、という出生の謎はかつて子供として生まれてきたすべての人類にとって一度はぶつかるテーマである。エリザの息子ノエも、両親と似ていない自分のルーツを疑問に思う日が来るだろう。それまで自分自身の過去を語ることさえできなかったエリザにとって、アネットとのめぐりあいは無色透明だった胸の内に真実という色合いを与えてゆく。それが必ずしも美しい色とは限らないけれど。しかし、自分自身が決断をしてきたからこそ、やがてアネットの決断を受け容れる日が来るだろうことも想像できる。そこにノエの存在はとても大きい。新しい生命が生まれてくることにより、過去は決して過去にはならず、繰り返しかつての愛を呼び戻す。

「悲しみよ、こんにちは」のその後

『ミモザの島に消えた母』(フランソワ・ファヴラ監督/フランス、二〇一六年公開)

思い出そうとしても思い出せない、まるで他人のものになってしまったような自分の記憶。知らされた事実とどこかずれて、歪められたように朧げになってしまった記憶。目には見えないが、日に日に大きくなっていく腫瘍のようなものだ。その腫瘍の原因を突き止めない限りは、治る方法はない。しかし腫瘍を取るには当然痛みも伴う。見えないからやっかいなのだ。

三十年前、アントワーヌ(ローラン・ラフィット)の母親のクラリス(ガブリエル・アジェ)が溺死した。彼女のことはそれまで家族間でほとんど語られることはなかった。四十歳になっても母を失った悲しみは癒えることがなく、語られないことへの疑問は募るばかりだった。何かが隠蔽されている気がしてならない。自身が離婚したりセラピーに通ったりと、何かとうまくいっていないアントワーヌは、妹のアガット(メラニー・ロラン)にそのことを伝えるが、真実が気になりつつも彼女は過去を掘り起こすことはしない方がよいと思っていた。

気持ちの収まらないアントワーヌは、三十回忌のため、母が亡くなったミモザ島にアガットと連れ立って出かける。通称ミモザの島と呼ばれるノアールムーティエ島は、フランス大西洋岸に位置する美しい島だ。冬にはミモザが咲き乱れる。島を訪れた帰路、「現実を直視していない」と言い合いになり、気持ちが高ぶり、アントワーヌは事故を起こしてしまう。そのこともあり、母の件をこれ以上探ることはどこかで危険なことだという勘が働いているらしい妹アガットとアントワーヌの溝は深まってしまう。相変わらず父は口を閉ざし向き合おうせず、祖母も語ろうとしない。

自らが探偵となり調べていくなかで、どうやら遺体が発見されたのは本当は対岸であったらしいということを突き止める。なぜ父と祖母は嘘をついていたのか。嘘をつくには何かしらの理由がある。おそらくは楽しいことが待っているわけではないらしいということは、もちろんアントワーヌも察している。それでも真正面から向き合わねばならないという勇気と使命感をまっとうしようとする姿に、アガットも娘のマルゴも徐々に心を開いていく。そして隠蔽された謎をひもとく鍵を握っていたのは、思いも寄らない思春期の長女マルゴだった。

母の死の真相が解けるとき、隠されていたものが姿を現す。夫婦生活が冷えきっており、生きる希望も見いだせなくなっていた母のもとに現れたひとりの女性。彼女との関係に怒り、阻止するために祖母がとった行動が結果として母クラリスを死に追いやる。

私はここでフランソワ・サガンの小説『悲しみよ、こんにちは』を思い出した。主人公セシルは、母を亡くし、恋多き父と暮らしていたが、あるとき父の恋人アンヌを追いつめ、結局彼女は自殺とも事故ともとれる死に方をしてしまう。セシルはまだ十八歳で若かったが、自分が原因をつくった張本人だという意識に囚われる。物語はセシルが自身のボーイフレンドや父の愛人と結託し、計画するところを描き、アンヌの死後はまた父と元の生活をしているというところで終わる。もちろん、表面上の話であって元の生活には戻れないだろう。セシルの若さゆえの無邪気な残酷さに魅力を感じながらも、彼女のその後の人生を思うと胸を締めつけられた。

息子の妻を死に追いやり、禁断の愛が身内にあったことを隠蔽してまでも、自分の子供、孫と三十年間接してきたアントワーヌの父と祖母。おそらくは見える世界の色がすべて変わってしまい、虚像のなかを彷徨っただろう。何も知らないアントワーヌとアガットは、しかしそんな虚像に巻き込まれてしまったのだ。そして解き明かされ、悲しみが波のように押し寄せる。信じてきた姿が虚像だったと知ったときに人はどうするのか。追いつめられていく緊張感とともに人間の、赦そうとする力が丁寧に描かれている。本作はタチアナ・ド・ロネのベストセラー小説を映画化した。

本土とミモザ島をつなぐ満潮になりつつある海の中道を、猛スピードで車を走らせる若いクラリスの姿は、やはり『悲しみよ、こんにちは』のアンヌの姿と重なる。そして兄妹が車の事故を起こしたことの因果も感じさせる。本作の車のシーンはとても印象的だ。海水を切り裂くように車を走らせるクラリスの姿は、過去を断ち切り、前に進むことを望んでいる強い愛にも見えるのだった。

戻れない女

『さざなみ』(アンドリュー・ヘイ監督/イギリス、二〇一六年公開)

自分の過去に影響され引きずられることはもちろん何らかの辛さを伴うものだけれど、他人の過去に影響されるのはもしかしたらもっと辛いことかもしれない。今まで知っているつもりでいた目の前の人間が急に遠くに感じられ、同じ部屋にいてもまるで違う次元に生きているかのように感じてしまう。日が沈み、朝が来て目を醒したら、おはようと最初に声をかけるその相手はそれまで自分が知っていた元の通りに戻っているのだろうか。そんなはずはない。どんなに長い時間を重ねても、何度セックスしても、自分はその相手にはなれない。自分が知らない記憶を持った相手になれるわけはないのだ。もともとその記憶を抱え込んでいる相手は変わってしまったわけではなく、本当は変わったのはこちらの方なのだ。こちらが知らなかっただけ、ただそれだけのことなのに。

結婚四十五周年記念のパーティーが週末に迫ってきた夫婦のもとに一通の手紙が届く。それは夫ジェフ(トム・コートネイ)の結婚する前にいた恋人カチャが、スイスの山中から遺体で発見されたということだった。しかも亡くなった当時の姿のままで。結婚する前の話とはいえ、夫の様子からふたりが今でも深い絆で結ばれていることを悟り、妻のケイト(シャーロット・ランプリング)の心は乱れてゆく。もう五十年以上も昔の話であっても、そんな時間は一瞬にして越えられてしまう。自分たちが積み上げてきた四十五年をまるで否定するかのように、さりげなく、カチャはふたりの家に入り込んでしまったのだ。カチャとの共有した時間も記憶もひとつもないというのに、ケイトの心中に入り込み、影のようにいるのだ。

かつてルキノ・ヴィスコンティ監督はシャーロット・ランプリングの眼を「すべてを知り尽くし

た眼」と言ったそうである。彼女の眼はすべてを捉え、呑み込み、その眼の奥底で捉えたものを静かに横たわらせるような力がある。カチャに悪意などあるわけもない。カチャはケイトを知る由もなく、長いあいだ氷のなかで眠っていたのだから。老いることもなく変わらぬ姿でいることは、さらにケイトを苦しめる。止まっていたはずのふたり、夫とカチャの時間が、あたかも動き出してしまったかのようだ。しかも夫は遺体を引き取りにイギリスからスイスまで行くか迷っているそぶりを見せる。自分たちの結婚パーティーを目前に、心ばかりが離れていくようだ。ケイトは感情を出さず冷静にふるまい、ジェフも普段通りをふるまう。「もし彼女が生きていたら結婚していた?」という妻の質問に夫は「そのつもりだった」と答える。そしてベッドで抱き合った後、彼は屋根裏で昔の恋人の写真を探す。夫はもちろん傷つけるつもりなんかない。長年連れ添った相手だからこそ、過去の気持ちに戻って本音を言ったに過ぎない。彼の言葉は妻に対する誠実さから出たものだろうが、ケイトの心にはさざ波が立つ。そして屋根裏で、今までは記号でしかなかったカチャの写真をついつい見てしまうケイト。彼女が本当に生きていたという紛れもない事実に、波紋は大きくなるばかりだ。

本作でヨーロッパ映画賞女優賞に続き、全米映画批評家協会賞主演女優賞を獲得したシャーロット・ランプリング。かつて彼女が素晴らしくなかったことは一度たりともないが、トム・コートネイもジェフの控えめながら深い人間像を見事に演じていた。この作品は紛れもなく傑作だ。物語が進むにつれて、いつの間にか、一度、自分自身の胸のうちにも起こった、えも言われぬ感情に囚われていることに気づく。さざ波が消えないのだ。パーティーの日、ふたりがダンスをする幸福な画面のなかで、ケイトは何を見ていたのだろうか。ふたりの思い出の曲、ザ・プラターズの「煙が目にしみる」がかかっても、ケイトはジェフとの思い出に浸ることはできなかっただろう。結婚パーティーではだいたい男が先に泣くものよと言っていた、友人の言葉通りジェフはケイトへの感謝と愛を述べ号泣する。男は妻への愛を再度確認し、また元の生活に戻っていく。しかし女はもう戻ることができない。とても静かな深い暗闇のなかで、静かに静かに震え続ける。

理想の家族とは何か

『淵に立つ』(深田晃司監督/日本、二〇一六年公開)

少女のような笑顔というのを、久しぶりに見た気がする。いくつになっても、どこか少女のような、そんな大人になりたいものだと随分昔は憧れていた。日常生活の渦に呑み込まれて疲れきってしまう前に、どこか遠いところに逃避できる力を持っている人、夢見る力を持っている人、と言ってもいいかもしれない。この物語に登場する主婦の章江(筒井真理子)もそういう人のひとりだ。彼女は一見普通の主婦で、争いごとを好まず、穏やかな生活を望んでいるように見える。おまけに敬虔なクリスチャンでもある。

これは、郊外で金属加工工場を営んでいる家族のありふれた日常に八坂（浅野忠信）という男がやってくることから始まる崩壊の物語である。と同時に、必死にひとつの家族をつくり続ける物語でもある。

鈴岡利雄（古舘寛治）と章江のあいだには十歳になる娘の蛍（篠川桃音）がいる。蛍はオルガンを習っていて、練習曲を弾くシーンは平和そのもののようだ。しかし流暢でなく途切れ途切れの音にはどこか不穏さが絶えず漂っている。そこに突如、八坂が異物として鈴岡家のなかに入り込み、暮すようになる。はじめは嫌悪感を隠せなかった章江であるが、蛍が懐いていくのを見てだんだん自身も心を開いていくようになる。八坂と利雄の間には過去に何かがあったらしく、しかも八坂はかつて人を殺し最近まで服役していたということがわかってくる。

八坂は表情に乏しい。そしてどこか危険な要素をにおわせながらも礼儀正しい。まるで傍若無人で他人に無関心に見える夫とは違って、ささやかな優しささえも次第に感じさせる。四人が一緒に食事をするシーンではそれが象徴的に表される。祈りの前にさっさと食事を始めてしまう夫と、自分たちのペースを決して乱さない八坂。章江という女は決して欲深い女ではない。今の生活に大きな不満もなく、愛する娘のオルガンの発表会のためにお手製の赤いドレスをつくりもする。冷えきっていたであろう夫との関係に不平不満を述べるわけでもない。裕福とは言いがたいが、幸せと呼ぶには十分な要素が備わっていた。八坂も交えピクニックに行き、寝転んで一緒に写真を撮るシーンがある。まるで幸福そのものだ。八坂という異物がいるからこそ、この家族に平和がもたらされていると言わんばかりに。そして事件は起きる。

過去に何かあった夫と、異物としての八坂。まるで章江は巻き込まれただけの女に見えるのだが、章江のピュアさこそが危険を呼びよせているのだ。すべての母のようであり、ときに少女のようであり、女のような顔をもった彼女の淀みない存在感が。隙間だらけだったのだ、もともとこの家庭は。そこにするりと蛇のようにはまり込んでしまった男、それが八坂だった。もしかすると、待っていたのかもしれない、誰かがここにやってきて、冷えきった生活が変わることを。そんなふうにさえ感じさせる艶かしい表情を章江はしてみせる。もともと利雄という危険分子となぜ結びついたのか。章江は自分でも気づかないうちに人の寂しさを受け容れる力があるのだろう。この家族に異物が混入されたのではない、もともと異物が混入されていた事実が、章江という混じりけのない存在によって徐々に表面に現れただけのことなのだ。

事件によって娘の蛍は重度の障害を負うことになる。八坂は消え、何が起こったのかは未解決のままだ。探偵を雇うもカモにされていることにうすうすと夫婦は気づいている。神経質になり太ってしまった章江と夫のもとに新たな従業員・山上(太賀)がやってくる。何の因果か、八坂の息子だということが発覚するが、八坂とは会ったことがないという。過去に八坂と共犯関係にあり罪の意識を抱えていた利雄は、蛍が無惨な姿になってしまったことは、章江が八坂と関係を持っていたことや自分が犯したこととの「罰」だと言ってのける。しかし例えどんな「罰」であろうと章江にとっては気休めにもならない。

これまでも家族の在り方を描いてきた深田晃司監督。『歓待』(二〇一〇年)でもやはり家族のなかに異物としての男(こちらでは古舘寛治が異物側を演じる)が入り込んでくる様を描き、『さようなら』(二〇一五年)ではアンドロイドのジェミノイドFと人の共演により、人間であることとは何かという本質に迫った。家族とは、人間とは、何か。本作はひとつの家族を描きながらも、より大きな物語を描いている。

八坂、そして八坂の息子である山上の存在なくしてはこの家族はもはや成り立たない。蛍の一件で、まるで自分たち夫婦が絆を深めたように錯覚する夫であったが、一方で章江はまだ本当の家族でないことを知っている。ずっと終わってしまっていることを知っている。ラストシーンで章江がひとつの選択をした後、山上含め鈴岡家の人間が川辺に横たわる姿は、ピクニックで寝転ぶシーンさながら理想の家族の象徴のようで、夢のように恐ろしかった。

［第四部］　性愛

性交は儀式なのか

『パリ、ただよう花』(ロウ・イエ監督/フランス、中国、二〇一三年公開)

暗い画面の奥の方から、荒い息づかいが伝わってくる。言葉ではなく、そこにいる人たちの呼吸する音だ。とても生々しくて、少し、眼を背けたくなる。見てはいけないような気がすればするほど、画面をじっと見つめてしまう。暗い画面のなかから浮かび上がるようにふたりの人間の裸体がある。恋人の後を追いパリにやってきた若い教師のホア(コリーヌ・ヤン)と、解体工事の建設工をするパリ在住のマチュー(タハール・ラヒム)。

本作ではふたりの出会いから別れを描いている。偶然の出会いは暴力的だった。とてもふたりがうまくいくとは思えないような、どこか不安な未来を予期させる。愛情を表現するのにも気持ちを伝えるのにもセックス以外の方法がわからない。そんな無骨な男の強引さに、ふられてなかば放心状態になっていたホアは救いを求めたのかもしれない。ほてった体を落ちつかせる解熱剤として。それが余計に身体を駄目にする、飲んではいけない薬だとわかりながら。

幾度となく繰り返されるセックスシーンは決して過剰なものではない。基本的にはふたりが繋がったところしか映し出されておらず、愛を囁き合うような甘い時間とは対極の、動物が本能的に行うようなセックスなのだ。本作においてセックスシーンに一番色気がない。他のシーンの方がずっと色気がある。繰り返される行為は、ふたりにとってはごくごくあたりまえの儀式にすぎない。互いの血を分け合うというシーンがあるが、そこでふたりの行為がいかに儀式的であるかを再認識させられた。どこまでいってもふたりはひとつにはなりえない。

なぜ、互いに惹かれ合ってしまったのか。相手の何が好きなのか。相手のことを深く知りたいと歩み寄ろうとするのだが、どこかで自分のものにはならない、他人であることの再認識を繰り返しているようにも見える。互いに秘密を抱え込んだ罪悪感からなのか、それともいつかはホアが北京から離れてしまうかもしれない諦めからなのか、普段は感情的なマチューもその瞬間だけは表情を失くしている。愛が互いの体を蝕んでいく。中国語でホアというのは花を意味する。

舞台になったパリと北京というふたつの都市が出てくるが、不思議なほどに落差を感じない。パリという街から次の瞬間北京の画面が映されても、まるで続いている街のように見える。空港のシーンや飛行機が出てこない。パリから北京へ、北京からパリへ行くときはトランクに荷物をまとめて次の瞬間は次の都市にいる。だから実際に遠くへ行ってしまうことや離れなければならないことへのカタルシスはそこからは感じられず、あくまで何の違和感もなくひと続きであるのだ。一方、パリから出ることのないマチューの生活にはどこか閉塞感すら覚える。

ホアは感情を全面に押し出すタイプではない。しかし、そういった編集や手持ちでのカメラワークで切り取られ映し出されたホアの表情には、説明よりももっと濃密な感情が伝わってくる。とにかく、ホアを演じたコリーヌ・ヤンが柔らかで美しい。もともとはルイ・ヴィトンやディオールなどの広告モデル出身なのだが、素晴らしい役者である。撮影はジャ・ジャンクー監督作品のカメラマンのユー・リクウァイが、本作で初めてロウ・イエと組んでいる。

監督のロウ・イエは国家電影管理局の検閲によって映画製作禁止処分を受けてきた。許可なく海外の映画祭で作品を上映したことが理由とされている。『天安門、恋人たち』(二〇〇六年)がカンヌ国際映画祭コンペティションで決定を無視して上映されたために、その後五年間の映画製作・上映の禁止処分を受けた。この間に、さらに処分を無視して、前作『スプリング・フィーバー』(二〇〇九年)と本作『パリ、ただよう花』(二〇一一年)が製作された。そういった不自由な環境にありながらも、屈することなく乗り越えて本作公開に至ったのは喜ばしい。

ホアはふたつの都市と男たちのあいだを漂っている。そこにあるのは希望でも絶望でもない。未来でも過去でもない。描かれていたのはホアというひとりの女の揺れ続ける現在だった。先の見えない未来への微かな不安と確信。彼女の息づかいが暗い画面から伝わってくる。

映画が終わって画面が本当に暗くなっても、もっと、その声を聞いていたという欲に駆られていた。

愛にも自由にも型はない

『わたしはロランス』(グザヴィエ・ドラン監督/カナダ、フランス、二〇一二年公開)

他人を好きになるとはどういうことだろう。相手のことを尊敬し、思いやり、ちょっとしたことで傷つき、大したことがないことで大はしゃぎ。叫び、泣いては疲れきり、同じベッドで眠り目醒める。あらゆる感情を揺さぶり、それでもいつだって世界は少し明るい。あなたがそこにいてくれれば、完全な絶望に飲み込まれることはない。あなたが、そこに、いてくれるのならば。

俳優としての実力はもちろん、ファッション、美術、音楽のセンスのよさも際立ち、今やすっかり監督としての圧倒的な才能を見せつけ、カンヌの常連となり、その名を世界のものにしたグザヴィエ・ドラン。彼の日本での初公開作品となったのがこの『わたしはロランス』である。撮影スタッフのフレッド(スザンヌ・クレマン)と文学を教える教師ロランス(メルヴィル・プポー)のカップルが、愛とは何かを、本当に自由に生きるとは何かを探し求める十二年にも及ぶ物語である。

ジェンダーをテーマにした作品は昔から存在する。日本でも古代から同性愛をほのめかす記述が多く存在し、九〇年代に入ると映画のテーマとして数多く取り上げられた。また、村上春樹の小説『海辺のカフカ』(新潮社、二〇〇二年)にも身体は女性でありながら精神は男性で、恋愛対象は男性という大島さんという人物が登場する。最近では、LGBTやトランスジェンダーという言葉が二ュースでも取り上げられるようになり、認知度は高まったとはいえ、認識は曖昧なものやイメージに左右されることも多い。「性を越境した」存在であることを意味するトランスジェンダーは、分裂されてしまった性との非同一で、必ずしも同性愛者とは限らない。異性愛者、両性愛者の場合もある。これ自体は枠組みに当てはめた暴力的な棲み分けだが、そのように多様化していることをどれだけの人が認知しているだろうか。

男性のロランスと付き合っていたフレッドは、ロランスの誕生日に突然の告白を受ける。いままで本当の自分を偽ってきた、自分の精神は女であるという告白である。その告白に最初は戸惑うフレッドだったが、ロランスの決意を受け容れ、メイクのアドバイスをするなど女性の姿になるため協力する。一緒に出かけても好奇の目に晒され、土曜のランチでは不躾な質問をする店員に思わずフレッドは声を荒げる。しかしロランスが女性になった直後に、自身が妊娠していたことが発覚し、結局ロランスに相談できないままに中絶してしまう。そこから徐々にすれ違いが始まる。それまで何でも話してきたふたりの溝は広がるばかりだった。誰かに頼りたかったフレッドはあるパーティーで出会った男とロランスから逃れるように結婚し、ロランスは不当な暴力を受けたときに助けてくれた仲間ローズファミリーと出会い、自分の女としての道を突き進む。

職場である学校からも追放されたロランスは物書きになり、パートナーと暮らしていた。フレッドは夫と子供と三人で暮らしていた。互いが互いを失くし、どこか物足りなさを感じながらも、それぞれの生活を生きていた。ある日、フレッドのもとにロランスが出版した詩集が送られてくる。

それを読んだフレッドはロランスに「あなたはすべての境界を越えた」と手紙を送る。再会したふたりは、かねてから行きたいと話していたイル・オ・ノワールへ行くことを決意する。もうふたりにとって性別など関係ないかのように思われた。男でも女でもなく、わたしはわたし、あなたはあなた、それ以上でも以下でもない。本当に自由でいることとは何か。自由とはふたりでいるということではないのか。そう感じさせるほどに、ふたりが一緒にいるシーンは煌めいている。

フレッドからかつて妊娠したことがあると告白を受けたロランスは、知りもしなかった事実に頽れる。なぜ相談してくれなかったのかなどとは訊かない。中絶の記憶が彼女を苦しめていることを自分のことのように悲しんでいるからだ。しかしその苦しみの根は深く、ロランスを息子より愛していようと、一緒にいることはお互いにとっての安堵の地ではない。彼らは何度も再会し、そしてそのたびに別れてしまう。しかし彼らは自分自身の生きる道を生きるために別れるのだ。勝手に決めてしまうロランスが繊細すぎて頑固にも映る。相手に依存して一緒に苦しむのではなく、自分の足でまず立とうとする。自分のさみしさを埋めるため、救いを求めるための相手という恋愛ではない、純粋に相手が好きだということを貫いているのだ。

映画は再会したところで終わらせることもできる。しかし何度となく彼らが別れていくまでを描いている。それはなぜだろうか。再びの出会いを予感させる以外の何物でもない。一緒にいるということが愛のすべてではないにしても、このふたりにもっと時間があればいいのにと望んでしまう。それまで自分が知っていた型ではない愛を生きようとするときに、十二年という歳月はあまりにも短い。しかしドランはジェンダーの話に落とし込むことなく、人間と人間が愛し合うことと自由という究極のテーマを描ききった。愛にも自由にも型なんてなかったはずだ。愛と自由。自分たちの手でその価値を見いだすところからすべては始まる。

愛は決して自己完結などしない

『アデル、ブルーは熱い色』(アブデラティフ・ケシシュ監督／フランス、二〇一四年公開)

ある日、突然出会い、激しく惹かれ合ったふたりのヒロインの物語がここにある。出会いは夢のように甘く、運命は生活という現実と直面し、やがて別れはゲリラ豪雨のごとく降り注ぐ。スピルバーグからも絶賛され、カンヌ国際映画祭ではパルムドール(最高賞)を受賞した。

原作は漫画の『ブルーは熱い色』である。アデルという名にヒロインの名が変更されたのは、本名であるアデルという女優の名を使いたいという監督の要望からで、タイトルも『アデル、ブルーは熱い色』に決定した。恋愛、そして愛の両方をこの上なく、惜しみなく描いている。同性愛的なことを特別視していない描き方に非常に共感を覚えた。

端々にはふたりの生活環境の違いが窺える。上流階級で芸術を愛し自由な環境と両親の理解のもとに育ってきた画家のエマと、一般的な家庭で生まれ暮らしてきて教師を目指しているアデル。まだ学生という、若く、親のもとにそれぞれ暮らす環境においては、性別よりもまずふたりの置かれた環境の差が深く関係に影響を与える。それがそのまま自身が社会を見つめるひとつの基準にもなる。確かに差異は惹かれ合うには充分な理由である。エマを演じるレア・セドゥの目は挑戦的でセクシーなのに子供っぽい。年齢不詳なこの感じにはぞくぞくさせられた。アデルが彼女にのめり込んでいくのは、ごく自然であった。そしてアデル・エグザルコプロス演じるアデルの目はどこかあどけなく、かつ確実に現実を直視する大人の目をしている。惹かれ合い、思い合うことに対する喜びとこの上ない罪なき幸福感、そこにはふとした瞬間、常に不安と孤独感がつきまとう。

この作品においてとても重要なのはふたりのセックスシーンである。ラブシーンというよりはセックスシーン。この方がずっとしっくりくる。こんなにも激しく動物的でありながらも、官能的で絹のように優しい。こんな奇跡的な画を観たという素晴らしさにまず感動を覚える。愛を語り合うどんな言葉よりも、もっと確実に、愚直に、伝えようとすること。繰り返し確認しあうこと。恋愛というステージから生活という愛のなかに立ったときに、自分ひとりの感情に先走っては、つまり本当に幸福であるからこその不安の渦に囚われてしまうということは恐ろしい。マイナスの些末な感情ほど濃いウイルスはない。

セックスすると自分のなかに他人の血が流れる。もちろん感覚の話であって実際にそんなことはない。ただふたりだけの共有であり奪いあう行為は、愛情の表現としては最大級のものだ。ふたりの場合、子供を産むという可能性を初めからありえなく、子孫を残すという本能的な生殖行為とは異なるがゆえに、さらにストイックに、愛情を確認し合う必要があるのだった。例えば、アデルの高校時代の友人の女の子たちは、同性愛に対して幼稚で杜撰な会話を平気で繰り広げている。というよりも問題は、愛を個々の繊細な問題と捉えずに、非常にゴシップ的なやり方でしか見つめていないことにある。そこには自分とは無関係という決定的な他人事が下品な興味をそそるのだ。たやすく理解されるものではない。

ふたりの別れをあっけなく感じる人もいるかもしれないが、あのように全身全霊を注ぎ合ったふたりに、さらに他の血が混ざることなど許されるはずもなかった。探り合いは必要なく、信頼し合うという綿密な作業を重ねていくしかない。愛は決して自己完結などしない。エマとの出会い、そして別れ、その後の生活で見せるアデルの表情の豊かさには特に注目すべきものがある。熱烈に惹きつけられ、エマに左右されたアデルの顔は、如実に愛に翻弄された人間の顔をしていて魅力的だ。瞳の輝きも消え去った光も、細やかな嫉妬への震えも何もかも。仕事は淡々とこなし身を持ち崩さぬ力強さをもって、アデルは成長していく。エマはかつて絵のモデルに恋人のアデルを選んだ。もちろん自身の作品のミューズとして。そしてエマがアデルにとっての人生のミューズであることは生涯変わることがないだろう。私は、何度もふたりの一番幸福なときのまなざしを思い出した。本当に、気高くて切ない。

伝説の映画『ディープ・スロート』の女優の真実

『ラヴレース』(ロブ・エプスタイン、ジェフリー・フリードマン監督/アメリカ、二〇一四年公開)

一九七二年に全米で公開された伝説のポルノ映画『ディープ・スロート』は当時のアメリカのカルチャーに影響を与え、日本でも話題となった。ただし日本で公開されるにあたり、いくつかのシーンがカットされ、本作だけでは尺が足りないという理由で他の映画と二本立てで上映された。

不感症の女がその原因を調べていたらクリトリスが喉の奥にあるという設定で、かなりぶっとんだエロティックコメディである。その映画で主演した女優、リンダ・ラヴレースの人生の表と裏を描いた作品が『ラヴレース』である。不運の始まりともなる夫チャック・トレイナーとの出会いから、彼女がこの映画に携わってどのようにその後の人生に影響したかを丹念に描いている。映画的なスキャンダラスさを持ち合わせ、表面をしっかりと描きながらも、その奥にある人物たちの感情をとても公平に真摯に見つめている。監督のロバート・エプスタインとジェフリー・フリードマンがドキュメンタリー出身ということもいい影響を与えているのかもしれない。

性を描くということへの貴賤はやはり存在していると感じている。性産業の悪循環というと話がどこまでも大きくなってしまうので、映像表現における性の描き方に限定してみても、これほど自由に描ける時代はないだろう。少なくとも『ディープ・スロート』がつくられた七〇年代と現代とでは時代背景が異なる。そこまで過激なものを映していいのか、という裏側をのぞき見るような感覚が、人々の好奇心を刺激することはいつの時代も変わらないかもしれない。それが映画として劇場で公開されるとなると、ひとつの作品という表現で受け取ることができる。アートともなればなおさら引け目を感じることなく観ることも意見することもできる。ただし、その裏側に出演することはまったく意味が違う。

後にリンダ・ラヴレースはポルノ映画の反論者となった。『ディープ・スロート』が彼女の人生そのものにどこまでも深く影響してしまったことはどうしようもない事実なのだ。『ラヴレース』のなかで、当時起こっていた本当のことを描くために、リンダの記憶が、それも思い出したくもないダークサイドが度々登場する。まわりがどうリンダを見ていたのかと、リンダ自身が本当は何を感じ、どんな体験をしていたのかの齟齬が印象的に描かれている。自伝を出すために、出版社のポリグラフテストを受けていくが、それはリンダが語ろうとすることに偽りがないかを確認するためである。夫との最もミニマムな世界でできあがってしまった暴力的で逃げ場のない関係性、映画の成功によってリンダが新たな人間関係のなかで他の道を見つけ出していけたこと、そしてどこまでいっても『ディープ・スロート』で印象づいたポルノ女優のイメージから切り離されないこと。

どこにでもいる普通の女の子が、普通に愛情を求め、自ら認められたいと願った、ただそれだけだった。翻弄されていく様子は痛々しく、大人たちの欲望は腹立たしい。あまりに短期間で、リンダの人生が変わっていくことに、彼女自身も追いついてはいなかった。このことは、現代でも日々起こっていることが容易に想像できる。悲しいくらいに蔓延している性的な動画の数々の裏には、常に欲望と愚かさが生んだ悲しい現実が存在している。少なくとも、悲しい現実になりつつある何かを孕んでいるように思えてならない。

実際のリンダ・ラヴレースが再出発のために新しい家族をつくったり自伝を出版したりしようと、生きることに希望を持たなければこの作品が生まれることもなかっただろう。リンダ・ラヴレースという役を体当たりで演じたアマンダ・セイフライドはその無邪気さと果敢さで、リンダ・ラヴレースを語りつくしている。表情のひとつひとつに、さりげない仕草のひとつひとつに、言葉にできなかった想いがすべてににじみ出ているのだ。現象となった映画の存在、その作品に翻弄されたひとりの女性、そして伝説のポルノ女優を演じきった素晴らしい女優がいるということ、今はただこの実話に乾杯したい。

女は常に自分のなかに潜む女たちとのみ闘う

『ニンフォマニアック vol.1 vol.2』(ラース・フォン・トリアー監督/デンマーク、二〇一四年公開)

この物語は色情狂〈ニンフォマニアック〉であるジョー(シャルロット・ゲンズブール)という女の壮大なる体験記である。二歳から性に目覚めたというジョーの独白は、五十歳になる現在にまでおよび、そしてこの先の更なる不穏な未来を描いている。このジョーの非常に淡々とした独白と、それに伴った回想シーンは終始、ジョーのセックス遍歴についての映像と、折り重なるイメージ映像から成っている。『アンチクライスト』(二〇〇九年)、『メランコリア』(二〇一一年)に続く「鬱三部作」の最終作として製作された本作は、前半後半八章の二本からなる計二百四十分に及ぶ大長編作で、きちんと章分けされた映像は、過激さとはほど遠く、整列されたカタログ的な色合いを帯びている。色味の変化とバラエティーに富んでおり、四時間という長さを感じさせることはない。

ラース・フォン・トリアーは一九九二年に映画制作会社ツェントローパを設立した。のちに、女性向けポルノの広まりやハードコアポルノの合法化にも成功した世界初の映画制作会社である。『イディオッツ』(一九九八年)もアート映画における「本番」の先駆的なポジションにある(そのようなことを行う必要があるのか極めて疑問であるし、検索すれば大抵のものは何でも見られるという、何の面白みもない時代では改めて驚くほど過激なことと感じられないのもおかしな話だが)。麻痺してしまった精神と麻痺してしまった性器の行く末を描いているのだから、ジョーには当然人間味なんてものはないし、血が通っていない。この映画の異常なほどの淡々とした描き方は、外側からニンフォマニアックへの興味本位で覗いてみたら、実はそんなに興奮するものではなかった、むしろ淡々と繰り返されるにすぎないということへの恐ろしさを確認させられる、という冷めた感じに近いのではないだろうか。自分は性的にノーマルだと思っていた覗き見精神旺盛な人間たちは、自分たちの下世話さをありありとつきつけられることになるだろう。

さて、これはジョーの物語であるが、重要なのは聞き手となる男セリグマン（トリアー作品の常連俳優であるステラン・スカルスガルド）の異常なほどの気味の悪さなのである。ある日、近所でボロボロになったジョーが倒れていたところをセリグマンが助けるところから、そもそもの物語は始まる。本や映画などの藝術と戯れて暮らす独身の知的な男で、親切な聞き手として、ジョーが赤裸々に語り始めるきっかけをつくる人物である。しかし、この不穏な嫌な感じは何だろうか。同監督の『ドッグヴィル』（二〇〇三年）でヒロインをレイプする性欲の塊のような男チャック（これもステランが熱演した）に通ずるものがある。セリグマンの存在はただただ結末の悪夢を先に予測させる、実に見え透いた装置にすぎないのだろうか。かつて、こんなにもひとりの登場人物を嫌悪したことはない。

一方、見知らぬこの男に赤裸々な告白を続けるうちに、新たなる未来への活力を見いだそうとするジョーであった。ジョーはセリグマンが淡々と自分の話を聞くだけで驚きも興奮もしない理由を、女性経験があまりないからだと指摘したが、初老の男セリグマンは、信じがたいことに自分は童貞だと発言するのであった。数えきれないほどの性体験を重ねてきたジョーからしたら、多くの観客は童貞なり処女のようなものでしかなく、セリグマンと何ら大差ないだろう。

ジョーの回想のなかで、さまざまな男（女）たちが渦のように現れては消えていくが、どの人物たちよりも色濃く、嫌らしく、性的に映るのは他でもない、セリグマンなのである。なぜならこれは、ジョーの物語の裏で、一見して無害そうな童貞男が爆発に至る（至れない）までの物語である。なぜ初老にして童貞という設定にしたのか最初謎であった。セリグマンは男のかたちをしているだけで、男としての機能価値を最初から認められていなかった。セリグマンの気持ちの悪さはまだ男ですらない、エイリアン的な、性別未分類というところにあるのだ。その不気味な存在に気づいたとき、この物語の本当の恐ろしさが露になる。自分よりも経験のある女＝母親と見做す目はマザコンそのものであり、また未知なる存在への憧れでもある。一方で子供を産んでも母性に目覚めずに、自分が好きだというジョーの尽きることない女としての側面は、より一層生々しくなっていく。これは母という可能性の女と、女でしかないという女の闘いなのである。女は男などという他の生物とは闘わない。女は常に自分のなかに潜んだいくつもの女たちとのみ闘うのだ。何人もの男たちを利用してまでも、である。

この物語の結末の無惨なまでのわかりやすさに疑問を抱いた人も多いのではないだろうか。しかし、この誰もが初めからわかりきっていた結末は、セリグマンがそもそも男ですらない影のような存在としての役割の終了を意味するだけである。それ以上の特別な意味など必要ないのだ。ラストシーンの暗闇のなかで、ついにセリグマンは男としてこの世に存在することはなかった。これは紛れもない、女と女たちの闘争劇である。そして、そこに巻き込まれた男のかたちをした一瞬の影の物語なのであった。

不気味な影は四時間という時間を忘れさせるほど一瞬にして消え去り、部屋にはまた女だけが残される。

虚実皮膜の間、ドキュメンタリーとフィクションの境界線

『セックスとマイノリティに関する、極私的恋愛映画』(佐々木誠監督/日本、二〇一五年公開)

コミュニケーション能力がやたらと問われるこのご時世で、その難しさは日々痛感させられる。思いもよらない発言が人のことを傷つけてしまったり、差別意識がなくとも知らず知らずのうちに差別していたりする。そのたびに無自覚だった自分を反省してみるのだけれど、何を不快に感じるか、差別だと感じるかは個人差も大きく、相当に気をつけないとあらぬ誤解を生みかねない。もっとも、小さな差はコミュニケーションを重ねるなかで解決されることも多いが、解決されなかった無自覚の積み重ねによって、気がつかないうちに、大きな差別を生むことだってある。個々に違うということが本来当たりまえであるのに、分類することでしか納得しない、という傾向(自分も結局は愛の種類分けしていて厳密に言えば矛盾しているのだけれど)への懐疑は日々どこまで意識できているのだろうか。この映画は三つのチャプターに分類され、身体的障害、精神的障害、国籍、とさまざまなマイノリティが登場する。

チャプター1で登場する中島兄弟の弟は統合失調症である。薬を飲みながら芝居をしており、精神世界と現実世界の境界は曖昧だ。そんな弟(中島教知)が起こした(かもしれない)ある事件を、サキと名乗る本編の撮影者である「ワタシ」が暴こうとする。当初語られなかった事件の真相は、

ワタシがかつて子供時代にイタズラされたことがトラウマだと語ることで明るみになるが、中島弟は証拠不十分により不起訴となっていて、本当のことはわからない。真実を暴きたいというワタシに「何がしたいのか」と苛立つ中島兄（中島朋人）。ワタシの友人のモンマさん（門間健一）はアルトログリポージス（先天性多発性関節拘縮症）で、特殊な車椅子（すごくかっこいい）に乗らなければ自分で動くことはできない。

中島兄弟とモンマさんは、肉体的な障害と精神的な障害について話をする。モンマさんは障害者が清廉潔白さを求められることへの違和感を示し、中島弟はあらゆる欲がなくなってほしいと言う。ワタシのカメラを通して彼らの対話やインタビューがなされるが、このワタシの幼稚さと失礼さにどぎまぎしながらも、見事に騙される。

車椅子に乗っているだけで頑張ってくださいと言われ、何を頑張るんだろうと思うことや、恋人の家のマンションのエレベーターにさえ車椅子がひっかかって乗れないことなど、ワタシはモンマさんの日常を追い始める。彼らは、ときに好奇の目に晒され、直接的な差別には怒りを露にする。そしてモンマさんの恋人は「セックスのイメージが限りなく死に近くなった」と語る。

やがてワタシの興味の対象はフリーマーケットで見かけたクリスティー（クリスティーナ・ロバーツ）という女性に移る。手持ちカメラのブレ同様、非常に移ろいやすい語り手なのだ。おまけに英語も拙い。やがてナンパしたクリスティーとラブホテルに行くが、実は彼女は日本語が喋れたことが判明し、ワタシがどうやらインポテンツだということも露呈する。どんどんと駄目さ加減を増していくワタシ。みんな外国人は日本語が喋れないと思っていることを楽しんで、ずっと英語で日本のことをよく知らないふりしていたというところに、無意識なカテゴライズの恐ろしさをみる。

有名になりつつあるモンマさんにテレビのドキュメンタリー番組の依頼が来る。そこで偉そうな番組ディレクター（竹馬靖具）に「三脚使ったほうがいいよ」などと上から目線のアドバイスされる始末のワタシ。番組ディレクターはモンマさんに「いまが出時」だと出演の説得をするも、東日本大震災が起こり話は立ち消える。別の友人であるクマシノさん（熊篠慶彦）は、四肢の痙性麻痺を抱えている。実際に市民活動家としても活動しており、『障害者の性〜性のバリアフリー』というアダルトビデオに自ら出演して、障害者の性活動のバリアフリーを訴える活動をしている。彼は治療のために股関節部に放射線を当てており、自分自身が子供をつくることを積極的にはしたくないと語る。原発神話が崩れ去った今、そういった不安を抱えた若い人が増えたのも事実だ。

チャプター3のタイトルは「リリィ」という。ワタシは画面には登場せず、始終声だけだが、彼の声で「リリィ」と呼びかけられ一瞬しか出てこないハーフの子供がどうやらワタシの子供であることを想像させる。インポテンツを克服したらしい。そしてクリスティーを追いかけて海外まで探しにいく様子が映し出される。

「クリスティーはどこ？」とあちこちの人に訊く様子はとても無謀に思えるが、この飛躍力によって常に私たちはワタシに問いかけられていることに気づくのだ。この作品はドキュメンタリーでもフェイクドキュメンタリーでもない。かといってフィクションでもない。真実と嘘は融合し境目をなくす。このワタシの視点は観る者を挑発し、混乱させる。佐々木誠という道化師を装った見事な映画の作り手に操られながら、一歩真実に近づいたような気がするから不思議だ。

果たしてさまざまな人が生きるこの世界に真実などというものがあるのかわからないけれど、どこまでが本当のことでどこからがフェイクなのか、ということさえ意味を為さなくなる。それよりもこの視点に気づいたときに、常に差別する側、優位にいたはずの自分などというものは消え去る。安心して観ている側にいたはずの自分の居場所なんてものはなかったのだ。

モンマさんとの友情をひとつの軸にしながら、悩み、少し成長するワタシ。そしてクリスティーとワタシが再会する雪のシーンはとても幻想的で、映画史に残る名場面だと言っても過言ではない。感情を試され、揺さぶられながら、とてもロマンティックな気持ちになる。そしてもう、あらゆることは他人事ではないことに気づく。

削ぎ落とされた高純度の愛の塊

『ラブバトル』(ジャック・ドワイヨン監督/フランス、二〇一五年公開)

男と女がいる。彼らに名前はなく、女は華奢な身体つきで、男はがっしりとした大きな身体を持っている。女は父親の葬儀のためにこの街に戻り、男は長い間そこに住んでいた。ふたりにはかつて面識があり、ふたりのあいだには男女の未遂事件があったこともすぐに知ることになる。女は落ち着きがなくどこか攻撃的で、男は冷ややかでさえある。女は男を挑発する。「あの夜の気分になるわ。でも寝ないわよ。用意はいい？　試してみましょうよ」。そうして愛の闘いは始まった。

ジャック・ドワイヨンはこの物語をポール・セザンヌの一枚の絵から着想を得たという。一八八〇年頃の作品だ。晴れ渡った空の下、生い茂った森のなかで、四組のカップルの裸体が描かれている。取っ組み合っているようにも、愛し合っているようにも、襲っているようにも、ダンスをしているようにも見えるが、本当のところ彼らが何をしているかはわからない。四組は近くにいながらも、他の三組の様子はまるで視界に入っていないかのようである。とても荒々しいが、陰湿な要素はみじんもない。

一組の男と女の闘いはかくして始まり、それは毎日のように続いた。女は全身で男に向かい、そこには男への感情だけではなく、やり場のなかった怒りが一緒になって塊の大きさを増している。うまくいかなかった家族とのことや、自分自身のもともとの感情のコントロール不全が、彼女の怒りを過剰にする。男は淡々とそれを受け容れる。愛しているからではない。はじめからかたちになった愛などここにはないのだ。激しい対話はやがて身体と身体のぶつかりあいへとスカレートしていく。試合に終わりはなく、ひたすら何ラウンドも繰り返されるのだ。肉体と肉体を激しくぶつけ合う。こんなことが本当にカメラの向こう側で起こっているのかと驚きを隠せなくなる。男と女のどちらかがふっとんで画面の外側に出てしまうのではないかとだんだん心配になってくる。ジャック・ドワイヨンは俳優たちを演出したのではなく、振り付けしたのだと語った。

本作で女を演じたサラ・フォレスティエは若くしてセザール賞を二度受賞、男を演じたジェームズ・ティエレはチャールズ・チャップリンの孫で、俳優以外にも舞台美術や演出を手がけるマルチな才能の持ち主である。サラの身体にできた痣は、実際に撮影中にできたものもあるという。この斬新とも言えるが、言葉通りの愛の闘いには痛みが伴うことはすぐにわかる。それは肉の痛みでもあり、相手が他人であることの痛みでもある。どんなに密着してもぶつかり合っても、何かの瞬間にふたりがひとつの人間になることはない。ぶつかったところはどちらか一方の痛みではなく、ふたりの痛みでもある。子供の頃に、誰か(何か)をぶったら、ぶった自分の手も痛いのだということを学んだ。その共有すべき痛みがふたりのぶつかり合う瞬間に迸る。

セックスが愛の極限であるというのはひとつの幻想にすぎない。快楽が真実を打ち消す瞬間だってある。愛の極限のひとつである場合もあるが、絶対的なものではない。言葉遊びの上辺の会話もふたりのあいだにはない。言葉があっても、それは肉体には追いついていないことを彼らは知っている。彼らの闘いは、互いが生きてそこに存在しているということの実証でもある。そして新しい対話でもある。おそらくこの闘いに勝ち負けはないだろう。繰り返され終わることのない闘いなのだ。そのことは愛の永続性を示し、その純度には強く心を打たれる。

ジェーン・バーキン主演の『ラ・ピラート』(一九八四年)を観たときの衝撃が忘れられない。愛の略奪の物語だった。情念が縦横無尽に駆け巡っていた。『ラブバトル』ではぶつかり合う瞬間、自分の愛を与え、相手の愛を奪っているようにも見える。徐々にぶつかり合いの痛みから他者同士の肉体を受け容れる痛みへと変わってゆく。セザンヌの画の森のように、深い緑色をした森のなかでもふたりは闘う。泥まみれになり、一糸まとわぬ姿で、まさに画のなかで起こっていたように、襲い合い、愛し合い、取っ組み合い、踊っているかのようなのだ。言葉よりもむき出しになった感情のすべてでぶつかり合う。ふたりは変化し続けるひとつの塊になって、愛というかたちをつくり続けているのだ。とてもプリミティブで清々しささえ感じる。彼らの終わることなき闘いとともに、観ている私は徐々に疲弊していく。全身が重く、思わず自分の肉のどこかをさすりたくなる。余計なものがなくなっていき、削ぎ落とされて純度を高めた愛の塊を前にぐったりとしている。そして不思議と自分自身が身軽になったと感じるだろう。

愛の絶対信者たち

『LOVE 3D』(ギャスパー・ノエ監督/フランス、ベルギー、二〇一六年公開)

愛におけるセンチメンタルとは何かと考えるときに、必ず思い出すのは村上春樹の小説『ノルウェイの森』である。主人公ワタナベ君が直子のことを思い出すことは非常にセンチメンタルだ。過去に向かう気持ちの何かしらを選んで描くということは、それだけで優しさに満ちたものになりがちである。何かを振り返って思い出すとき、それはとても甘美で完璧で官能的だ。まだ十代だった私には、そのセンチメンタルすぎる物語がどうにももどかしくて、苛立ちを覚えたのを思い出す。

この物語はマーフィーがかつての恋人エレクトラとのあいだにあったことを回想する物語である。あまりにもセンチメンタルな過去の恋は、あれから十年経って、すでに十代ではなくなった今の私には痛いほどに突き刺さった。この映画をまだ経験の浅いであろう、より若い世代が観たらどんなふうに思うのか非常に気になるところではあるが、この物語を観ると、誰もがそれまで自分に身に起こったさまざまな体験をつい思い出してしまうだろう。

ギャスパー・ノエはインタビューのなかで「三次元の映像は、二次元のどんな映像よりも過去の一瞬をはるかにうまく捉える」と発言していた。3Dで撮影されたスキャンダラスなシーンは確かに刺激的で躍動感に満ちている。それと同時に、過去を過去としてではなく、まさに今起こっていることのように華やかに描き出す効果を持つ。残念ながら日本ではモザイクがあるバージョンでしか観られない。3Dで本作が撮られたことの意味を他にも見いだすことは多分にできるのであろうが、ノエのこの発言だけでも、この映画が3Dで撮影されたことに喜びを十分に感じることはできる。

ある日、エレクトラは消えてしまった。理由は明快だ。ふたりのセックスフレンドであったオミが妊娠してしまったからだ。マーフィーとエレクトラの恋と愛は、とても幼稚で、身勝手で、強靭なものであった。そしてその愛は壊れることはなく、エレクトラが消えてしまった後も、マーフィーが結婚した後も、子供が産まれた後も、どこまでも忘れられないエレクトラの不在の存在がゆっくりと首を絞めてゆく。そこにいないのに圧倒的な存在感でマーフィーのなかに居続ける。こうして長い心中物語が始まるのである。

他人が他人に介入するということは、セックスをするということは、他人をどこまでそのまま受け容れられるかということだ。一方的なだけの愛なんてありえない。劇中、マーフィーとエレクトラも快楽に溺れて他人を道具にしたようなセックスをする場面もあるけれど、そういうことをすればするほど本当に愛しい相手が誰かが見えてくる。罪悪感さえ彼らにとってはふたりの愛を盛り上げるためのオプションにしかならない。苦しみも嫉妬も、すべての感情はこのカップルのためだけに存在するかのように。性を売り物にした商品がまるで当たり前のように堂々と出回っているなか、表現自体の規制は厳しくなっている現実もある。ノエが今回挑んだのは、愛そのものであって、そうなるともう過激だとかセンセーショナルという言葉さえ似合わず、ストイックに愛を描いていると言ったほうがよっぽど正しいように思えてくる。傷つけ合い、奪い合い、すべてを与え合った愛。唾液や精液を交換するような、お互いの身体の一部になってゆくような、交換し、差し出すような表現を繰り返し、愛のすべてを曝け出している。彼らは、愛の絶対信者である。

日本でも大島渚監督の『愛のコリーダ』(一九七六年)、森田芳光監督の『失楽園』(一九九七年)など究極のカップルを描いた作品はたびたび映画化されてきた。愛し合っているカップルの、周りを見ない、とても迷惑な男と女の、身体で惹かれ合い、精神の最も繊細なところで結びついた、カップルの完璧な愛の物語である。しかし愛を完璧なかたちで表現しようとすると、必ずその先には死の影がちらつく。その愛を完璧に保つためには死しかない。『LOVE 3D』において、エレクトラがどうなってしまったのかは描かれていない。彼女は失踪して、マーフィーは傷とともに生きている。

産まれてくる子供はそんな纏わりつくような愛とは無関係に、新しい生き物として鮮やかに登場する。マーフィーが子供を抱きしめるとき、そこに感じた体温はどれだけ温かなものだろうか。エレクトラがかつて言っていた、好きな人の子供を産んで暮らしていきたい、という言葉は恋人だった彼らにとって少しも高望みではなかった。しかし、セックスという行為の先には常に、妊娠の可能性があるということを、それだけの意味と責任がついてまわるのだということを忘れることは簡単だ。このカップルが、オミと子供を捨てて、ふたりでそれでも生きなかったことに、この物語の理不尽さと、人間らしさを見たように思う。この一組の究極のカップルが幸せにならないことを、観る者はとても心苦しく感じることだろう。エレクトラは深い拒絶感と失望感のなか、誰も殺すことなく、消えてしまった。しかしそれでもマーフィーと共にどこかで過るのは、彼女の死以外の何ものでもないのだけれど。この喪失感こそ、この映画をより立体的に描き出している。記憶は単なる記憶ではなく、いつだって現在のこととして蘇る。マーフィーが目を閉じて彼女を望むならば、そこにいつでもエレクトラは優雅に現れてみせるのだ。

この映画と共に歩く音楽たち、ブライアン・イーノ、ピンク・フロイド、ジョン・カーペンターなど、どれも素晴らしい。不穏で夢うつつのなかにリズムを持って呼吸を与える。何も喋らなくとも、今でも恋しているときのように心臓が脈打つ音が聞こえてくるようだ。完全に映画とフィットして溶け込んでいる。

エレクトラをはじめ、初演技という俳優たちの溢れんばかりの力量も見逃してはならない。エレクトラ役のアオミ・ムヨックの匂い立つような色気、マーフィー役には、くすんだなかに光のある目を持ったカール・グルスマン、そしてまだ子供のようでもあり、不思議な存在感を放つオミ役のクララ・クリスティン。カクテルパーティーで出会ったというノエらしいエピソードにも驚かされた。ふたりの愛の物語のために登場する他の人物たちの誰もが、無力で、とても魅力的でもある。センチメンタルななかに滑稽なシーンがふんだんに散りばめられている。

そして、本作では水の流れる音が非常に印象的であった。この作品は水の音で始まり水の音で終わる。始終聞こえてくる雨の音、流れ続けるシャワーの音、それが一体何を意味するのだろうかと考えた。マーフィーの涙であり、エレクトラの嗚咽でもある。この映画を観ると憂鬱な疲れがやってくる。泣きつかれた後のように目が腫れぼったくなり、ベッドで眠ってしまいたいと思う。できれば、暖かい体温とにおいのある肌に寄り添って。最も大切な、一番幸せだった頃の記憶を辿りながら。

欲望に忠実であることは容易なことではない

『彼は秘密の女ともだち』（フランソワ・オゾン監督／フランス、二〇一五年公開）

『17歳』でも触れたが、フランソワ・オゾンほど、女心をわかっている監督はいない。女心を描写するあまりの巧みさに驚かされたばかりだが、今回はついに新たなひとりの女優を誕生させてしまった。ロマン・デュリス演じるダヴィッドという男性がヴィルジニアという女性になっていく様を見れば、彼が女優だということがよくわかる。

平凡な主婦のクレールとその親友ローラの夫であるダヴィッドは、ふたりが愛するローラの若き死をきっかけに、思わぬ方向で距離を縮めることになる。ある日、ダヴィッドと残された娘を心配したクレールが家まで様子を見にいくと、そこにいたのは今まで知っているダヴィッドではなく、見知らぬ女性の格好をしたダヴィッドだった。最初は戸惑うクレールであったが、そこからふたりだけの秘密を共有することになってしまったのだ。女性の格好をするダヴィッドをヴィルジニアという別の名前で呼び、ふたりは妻の親友、親友の夫という関係性から女ともだちに関係性を変える。大切な親友の死、そして最愛の妻の死という共通の悲しみを乗り越えていこうとすることで、ふたりがローラという女性に抱いていた本心が浮かび上がってくる。

クレールが幼い頃からローラに憧れの念を抱いていることは、流れるような美しい回想シーンからひしひしと伝わってくるし、ある日にはローラがベッドに入り込んできてクレールの身体を触るという妄想に近い夢をみる。官能的な感情がクレールのなかに潜んでいたことをヴィルジニアとの出会いが露にしてしまった。女同士の友情にどこか官能的な要素が入ってくるのはごく自然なことだ。手を繋いだり触れ合ったりすることはそんなに特別なことではない。クレールにとっては自分よりも女性的なローラが身近に居続けたことでどこか女性らしさというものを過剰にさせないよう封印してきたように見受けられる。クレールは自分の性に何の疑問もなく女として育ち、恋をして結婚もした。一方で女としての性を楽しむことも喜ぶことも十分ではなかった。ローラ亡き後、ヴィルジニアとの関係のなかで徐々に自分自身が女として楽しむようになっていくクレールはとても魅力的だ。

また、ダヴィッドが最初にローラの服を着てローラそっくりの格好をしようとすることで、彼はローラになりたかったのだということがわかる。はじめは「ローラ人形」でしかなかったダヴィッドだが、クレールとの秘密のショッピングや逢瀬を重ねることで、徐々にヴィルジニアという人格を手に入れる。わざとらしいくらい女っぽかった髪型や服装も、次第にヴィルジニア自身に似合うものを選択できるようになっていく。

ローラはかつて、ダヴィッドが異性装することを知っていて受け容れていたという。自分にも話さない秘密があったことを知り、クレールは嫉妬に似た感情さえ抱いただろう。そのとき、優しい、女らしい女性というローラの像が、急に母性という厚みを持ち、聖母のようなローラの人物像が浮かび上がってくる。ローラという人はふたりにとっての女性のお手本だったのだ。ふたりにとってローラは愛すべき存在であると同時に、乗り越えるべき目標そのものであった。ふたりは女の性を手に入れる共闘者なのだ。女は女のコスプレをすることを楽しむことに長けている。

もちろんクレールは最初からやすやすとヴィルジニアを受け容れられるわけではない。ヴィルジニアは同時にダヴィッドでもある。同じ人間であるのに、男性としてのダヴィッドへの愛情とヴィルジニアへの愛情には差異がある。親友の夫であるということ、そして自分が夫のいる既婚者であることを思い出さずにはいられない。つい批判を口にしてしまっても、その言葉が適切でないことも知っている。惹かれ合う人間同士がいて結ばれるという単純なことが、秩序だとか倫理という言葉で制限され問題にぶちあたってしまう。ふたりのあいだにある感情が友情であろうと愛情であろうと、それさえ本当はどっちでもいいのかもしれない。ただふたりはお互いの理解者になりえた、そのことが重要なのだ。クレールは夫とはその関係が築けなかった、それだけのことだ。

型から女性になり、とうとう個性として女性になったダヴィッドとクレールを見ていると、男でも女でも、男じゃなくても女じゃなくても何でもいいのではないかという気になってくる。好きな格好をして好きなひとと暮らしていくというものすごく単純な理想。ただ生活を繰り返すだけでなく、楽しく生きること。欲望に忠実であるということ。簡単なようでいて、その情況を手にすることは容易ではない。

この映画のラストシーンは衝撃的だ。それがなぜなのか最初わからなかったのだが、彼らがきちんと欲望を全うしているという、当たり前すぎることが描かれているからだ。あまりの堂々っぷりと妙なファンタジックさに、一瞬置いてけぼりにされてしまった。そこには女という性さえ超えて、人間として楽しんでいるクレールとダヴィッドが確かにいた。彼女らはただ自分自身であるだけだった。このふたりの女優の共演は必見である。

ふたりの女性の決断

『リリーのすべて』(トム・フーパー監督/イギリス、アメリカ、ドイツ、二〇一六年公開)

パートナーが性別を変えたい(本来あるべき姿に戻したい)という願望を持ち、それを受け容れてゆくカップルの映画は『わたしはロランス』(二〇一二年)、『彼は秘密の女ともだち』(二〇一五年)などこの部でも触れてきた。いずれにしても、戸籍上は男性として生まれてきて男性として育ち、途中で本来持っていた願望が目覚めてくる。今でこそ、精神と肉体の性別が一致せず、性転換手術を受けた人の数は増え、また手術をしなくても本来の性を自分がどう捉え認識するのかについて、十分とは言えないが多様性自体は認められるようになってきた。日本においても性転換手術の歴史はまだまだ浅く、一九五〇年に永井明子さんという人が最初に手術を受けたとされている。一九九五年に埼玉医大で性転換手術希望者の承認を求める申請を大学の倫理委員会に行い、一九九八年に手術が行われたが、それも最近の話である。

本作に登場するリリー・エルベは世界で最初に性転換手術を受けたとされる人物で、これは彼女の伝記的映画である。一八八二年にデンマークに生まれたアイナー・ベルナー（エディ・レッドメイン）はゲルダ・ゴットライプ（アリシア・ヴィキャンデル）と結婚し、互いに画家として活動し生計を立てる仲睦まじい夫婦だった。もともと中性的だったアイナーだが、妻の作品モデルが来られなくなったある日、代わりにストッキングをはき、足のモデルをしたことから徐々に女性の恰好をすることに惹かれていく。妻のゲルダもアイナーの女性の服を選ぶなど、最初は遊び半分で楽しんでいた。そしてアイナーは女装したときだけリリーと名乗るようになる。架空の世界の存在であったはずのリリーは、しかしアイナーのなかで比重を高めていき、本来の姿こそがリリーであると思うようになる。同じ人物とはいえ、愛している夫のアイナーがいなくなることに恐れゲルダは不安を覚える。それでもゲルダはリリーを画のモデルにし、次第に彼女の画家としての才能も発揮されるようになる。

ふたりはゲルダの画が売れたのをきっかけにパリへと移る。リリーのなかに美しさを見いだすゲルダはどこか男性的な部分も持ち備えている。完全な男や完全な女などおそらくこの世にはいなくて、その感覚をどれだけ持ち合わせているかという程度の問題が社会的な男と女をつくり出している。

リリーの割合が日に日に増し、社交界で出会ったヘンリク（ベン・ウィショー）と密会をするようになる。リリーの恰好になると、男性を意識するようになったのだ。リリーのように自分を女性だと自覚し始めたことで、今までは恋愛対象にならなかった性別の相手に興味を持ち始める人もいれば、自身の性別を変えても恋愛対象になる性別は変わらないという場合もある。ケースバイケースだ。リリーはますます美しくなっていくが、協力的になって受け容れようとしても理解のスピードを超えて、次々に女性としての感覚が芽生えてくる感覚に妻ゲルダは戸惑う。ゲルダが愛したのは男性としてのアイナーだったからだ。とはいえ、ゲルダはもっと大きな愛でリリーを迎え入れようとし、葛藤する。

リリーは美しさもあるが、なんといっても可愛らしい。女というよりも、まるで小さな女の子のようなのだ。妻のスリップを黙って身につけたときの恥じらい。男性器を鏡の前で自らの足のあいだに挟み込んでついていることを疑問に思う瞬間、男性にキスされ鼻血を出してしまう様子。出かけたゲルダを待ちベッドに腰を掛ける姿……。彼女が生きた時代、リリーの振る舞いや発想は精神の病気と見なされるのが一般的だった。

やせ細ったリリーが街を歩くとき、その姿があまりに中性的で見知らぬ人からからかわれ暴行される、なんとも痛ましいシーンがある。願望が強くなればなるほどリリーは生きることが辛くなっていった。唯一彼女を病気だとは言わず、性別適合手術の方法を示した医師が現れる。リリーの女性化願望の根源的な発想は、「母になりたい」ということだった。そのためにも身体を変えることを強く望んだ。

リリーの決意はゲルダの決意でもある。リリーの母性が強くなっていくのに対し、ゲルダもまた母性が強まっていったのではないだろうか。ゲルダがリリーをサポートすることに力を入れていくようになったのは、友情からではない。人を受け容れ、愛する力の器の大きさだ。リリーが男性のヘンリクに惹かれていくように、ゲルダも何かとサポートしてくれるハンス(マティアス・スーナールツ)という男性に頼りたいという気持ちが芽生える。ハンスはリリーの子供時代の知り合いで、今は画商。しかも子供のお遊びでしかないが、少年時代、彼にキスしたことがあるという。リリーが無意識のうちに男性に惹かれていると感じたのはおそらくハンスだろう。ふたりの手術への決断は、まだ前例がない時代において相当な覚悟を要した。これを夫婦愛という枠に収めてしまうことには意味がない。まだ性別適合手術の医療技術が十分とは言えず、手術は難航した。リリーが身体と精神が女性として一致した状態で生きた時間は僅かだった。

ふたりの女の闘争と決断は、しかしその後を生きる多くの人々の希望に繋がる。この結末は悲劇だろうか。そう言ってしまうのは、ふたりの決断に対してあまりにも失礼なような気がしてならない。ゲルダはその後も生涯、画家としてリリーの姿を描き続けた。

もう少女ではいられない瞬間

『この国の空』(荒井晴彦監督/日本、二〇一五年公開)

昭和二十年、終戦間近の東京・杉並。母(工藤由貴)とふたりで暮らす十九歳の里子(二階堂ふみ)は隣の家にひとり暮らす市毛(長谷川博己)の世話をするようになる。市毛は銀行支店長で丙種のため戦争には行かず、妻と子を疎開させていた。

途中、家から焼け出された叔母(富田靖子)が横浜から里子たちを頼ってやってくる。食べ物ひとり分を確保するのも大変なときに、家に人が増えることを母は嫌がったが、三人での共同生活が始まる。家のなかはピリピリしていた。市毛のところに出入りするようになった里子は、徐々に彼を男として意識するようになる。

里子はとても冷静だ。戦争に巻き込まれながらも、日々淡々と暮らしている。本土決戦も噂され、自分たちも巻き込まれる可能性はあったが、まるで今起こっていることはどこかで他人事のようだ。叔母の家族が亡くなったように、いつ空襲が起きて追い込まれるかわからない。死を意識はしつつも、ずっとその恐怖のなかにいるわけにはいかない。彼女は決して無関心なわけではなく、どうしようもない日常のなかで生きているだけなのだ。昨日始まったことではなく、ずっと戦争が続いている世界に里子はいるのだ。

若い男たちも戦争に行ってしまい、誰もいないのだから里子は恋もしたことがない。市毛という唯一の男性との関わりのなかで、自分は一度も恋をせず、男とも関係を持たないまま死んでゆくのだろうかという不安に襲われる。そんな里子の内心に母親は気づき、「市毛さんは見てるわよ」「市毛さんに気をゆるしては駄目」「女は溺れやすいから」と釘をさす。一方で、母はかつて父親以外の人を好きだったことがあると告白する。今まで母娘間で恋愛の話など一度もしたことがなかったのだろう。娘が美しく、女になろうとしているのを敏感に感じ取り、母の女としても部分が刺激されたのだろう。そして里子に釘をさす台詞は母も市毛を男として見ているということになる。

里子自身が思うより深く、死の恐怖は意識のなかに入り込んでいるのだろう。恋よりも本能的に、里子は市毛を求める。愛よりも先に市毛は里子の艶かしさに揺らぐ。市毛は妻子への愛もあり、遊び人のタイプでもない。「女の人は何をしても美しく見える時期があるのですね」という市毛の台詞は、せめて一般論的なものの言い方をすることで自分の欲をコントロールしようとしているようにも聞こえる。

瑞々しいトマトを差し出し、今目の前で食べてほしいと里子は言う。トマトは自分自身の身体である。『また逢う日まで』(今井正監督、一九五〇年)の窓越しのキスシーンよりも、隠喩で表現するのが一層、官能的だ。少女ではいられなかった瞬間を表す美しいシーンだ。

里子は恋や愛よりも先に男を知ってしまった。お酒を覚えるように、煙草を覚えるように、男を覚えてしまったのだ。市毛への感情はまだ恋ではないだろう。まだ燃えるほどの嫉妬心も不安もない。しかし急な終戦の知らせは、自分たちの関係がそのままではいられないことを意味する。自分の意志ではどうにもならないところで、またしても翻弄されてしまう。身体から先に女になってしまうのはやっかいなことだ。恋よりも愛よりも先に身体が男を覚えてしまった女は、簡単には愛や恋に溺れられない。少女のように夢見ることができなくなる。自分が女であるということを、認め諦めた瞬間でもある。受け容れることと諦めることは表裏一体だ。

「わたしが一番きれいだったとき」という茨木のり子の有名な詩が読まれる。里子と同じ十九歳のときに書かれた詩だ。そこには長く生きることを綴った希望と覚悟、そして一番いい時期を戦争によって奪われた悲しみが表現されている。

映画のラストシーンで、一瞬時が止まったなかに里子が佇み宙を見つめる姿が映し出される。彼女の覚悟が瞳に集約される。逆境は女を強くする。日本は敗けてしまった。けれど、私は負けない。そんな強い意志を感じさせる目だ。里子自身の戦争が始まるというト書きが画面に映し出されるが、実際に脚本の最後に書かれていたのだそうだ。映像のなかに実際に文字を盛り込むのは脚本家としての荒井晴彦らしい発想だ。里子自身の声で語られた「わたしが一番きれいだったとき」の美しい言葉の朗読と対比して、降り注ぐ雨にかき消されることのない炎のような感情が静かに燃えていた。

自立した女性たちの王道ラブロマンス

『キャロル』（トッド・ヘインズ監督／アメリカ、二〇一六年公開）

一九五二年、ニューヨーク。クリスマス間近、高級デパートでおもちゃ売り場の販売員をしていたテレーズ（ルーニー・マーラ）はお客としてやってきた美しい婦人に目を奪われる。買い物を済ませ手袋を置いていってしまった彼女に連絡したことがきっかけで、お礼にとテレーズはランチに誘われる。婦人の名前はキャロル（ケイト・ブランシェット）。夫のハージ（カイル・チャンドラー）と離婚調停中で娘の親権をどうするかで揉めていた。テレーズは写真家になりたいという夢を持っており、ある日、キャロルの写真を撮る。ふたりは互いに惹かれ合い距離を縮めていく。テレーズにはリチャード（ジェイク・レイシー）という恋人がいたが、自分に無理解な彼に恋心はもうなかった。キャロルも家で、夫のお飾りのような扱いを受ける日々に嫌気がさしていた。

クリスマス、娘と会えないとわかったキャロルはテレーズを誘って旅に出る。ふたりはお互いの想いを確認し、結ばれる。しかし旅の途中に出会った男が、実は夫の雇った探偵であることが発覚。夫に密告され、ふたりは引き裂かれる。やがてキャロルは娘と会うことを条件に、親権を諦め自分の道を生きることを決意する。

キャロルには以前、アビー（サラ・ポールソン）という女性と近しい関係にあったという描写がある。この時代の女性同士の関係はまだまだタブー視されていた背景はあるが、キャロルとアビー、キャロルとテレーズの関係性を女同士の恋愛物語＝レズビアンの物語としてしまうのは、あまりにも粗雑だ。キャロルとアビーは今でも深くお互いのことを理解し合っている大切な相手として描かれているし、キャロルとテレーズがなぜ惹かれ合うのかに焦点が当てられ、人間同士が相手を理解しよう、理解したいと渇望する姿が描かれている。テレーズはそれまで女性に特別な感情を抱くことはなかったかもしれないが、キャロルと出会ってしまったから惹かれたのであって、性的嗜好よりももっとプラトニックな愛を丁寧に紡ぎ出しているのだ。ハージにしてもリチャードにしても現状を当たり前だと思い、なぜパートナーと一緒にいるのかということを考えることさえ放棄している。ハージとキャロルの場合も、娘の親権問題が唯一ふたりを結びつけており、もしこのふたりのあいだに子供がいなかったら、キャロルはとっくに夫のもとを去っていただろう。彼女は知性と決断力を持ち、自分の人生を自分の手で切り拓くことを模索している女性だからだ。

「天から落ちて来たよう」というのは、キャロルがテレーズにさらっという台詞だ。その慣れた感じも、いやらしくない感じも、知性と教養のある美しい彼女が言うとぞわぞわして、テレーズ同様瞬時に心を奪われる。身も蓋もない言い方かもしれないが、キャロルのイケメン力がすごすぎるのだ。少女漫画にしか出てこない理想の相手、女の子の理想を詰め込んだ王子様のような存在感を放つキャロル。優しくて知的で包容力もあって、しかも女心を理解している相手。現実にはそんな理想の相手などそうそういるわけもなく、少女漫画のなかだけに暮らしている架空の人物として納得してしまうのだが、もし、実際に目の前にそんな人が現れたら、性別なんて一気に飛び越えてしまうかもしれない。

自分のことに置き換えて想像してみたのだけれど、おそらく何もかも関係なく、それまで持っていた発想も常識も捨てて、キャロルにのめり込んでしまうだろう。少なくともリチャードには戻れない。本当に心を持っていかれてしまうというのはそういうことだ。女同士というのもどうでもよく、まったく違う環境にいたふたりが出会い、困難と立ち向かい、愛を獲得するまでの王道ラブロマンスだ。ふたりの視線はそれぞれに印象的だ。そして関係性や経済的な問題も含め、互いが互いに依存していないところも見所のひとつだ。何かに依存するとがらがらと関係性が変わってしまう。それぞれがそれぞれのやり方で自立しようとしているからこそ、ふたりは純粋な気持ちでいられるのだ。好きになった相手がたまたま同性だっただけで、それ以上でも以下でもない。

クリスマスの雰囲気にはときめきがある。ライトが光り輝き、街には活気があり、暖かくもあり、同時に冷たい外の空気も連想させる。彼女たちが身につけた衣装の美しさにも目を奪われる。キャロルとテレーズは何度もすれ違いそうにはなるがも、ふたりが一緒の画面のなかにいることのほうが見ていて落ち着くから不思議だ。偽りの人生を捨て、自分たちの足で自由を摑み取ろうとするふたり。再びキャロルとテレーズが出会ったときに交わされた視線には、もはや恐れなど微塵も映っていなかった。

[第五部]　偏愛

夫婦愛というのはサスペンスである

『愛、アムール』(ミヒャエル・ハネケ監督／フランス、ドイツ、オーストリア、二〇一二年公開)

ミヒャエル・ハネケの作品はとにかく酸素濃度が薄い。息が詰まりそうになり、脳みそがフル回転できなくなる。ちゃんと習得していない言語で書かれた本を翻訳なしに読み進めている感じに少し似ているかもしれない。体力があるときに観ることをおすすめする。そしてストレッチして、深呼吸してから臨んだ方がいいかもしれない。何せ一度入ってしまうと、そう簡単には外に出られないからだ。この物語は高級アパートの一室で起こる。外の空気はあまり入ってこない。そこにはある一組の夫婦が暮らしている。換気のうまくできない部屋、そのうちに二酸化炭素でいっぱいになって、呼吸が苦しくなっていくかのような。どちらかが出ていってくれないと、物語は終わることなくこの部屋のなかで繰り返されるだろう、という途轍もない恐怖さえ漂っている。密室に長時間閉じ込められた男女の行く末を想像しうるこの恐怖。

音楽家同士の老夫婦。ある日突然、いつもと変わらない朝食の時間に、妻のアンヌ(エマニュエル・リヴァ)は固まったように動かなくなる。そして何事もなかったように戻る。突然発症した病気。手術を受けるもうまくいかずに、半身が麻痺してしまったのだった。その日から、夫のジョルジュ(ジャン＝ルイ・トランティニャン)は日々淡々と介護することになった。ときどき娘のエヴァ

（イザベル・ユペール）が立ち寄り、かつての教え子が訪れるが、それ以外は人と接することを拒むかのようにふたりは生活する。アンヌの症状は日に日に悪化していき、ついに喋ることもままならなくなっていく。病院に行くことをエヴァは薦めるが、戻りたくないと言っていたアンヌの言葉を尊重して自宅での介護をする。専門的な知識を持った看護師たちを家に呼ぶが、自分たちのやり方を貫こうと頑なな態度を示し、ジョルジュは追い返してしまう。閉塞感は秒刻みに強くなっていく。高級なこのアパートの一室とは、永遠にふたりを内包している監獄のようだ。

まるでドキュメンタリー作品を観ているかのような、という言い方は本来ならできるだけ避けたいのだけれど、妙な緊張感が始終漂う。確かに細かいやりとりのひとつひとつが、すべてリアリティを持っている。そして映画でここまで細部に目を向けさせるということは何なのだろうと観ながら考える（神は細部に宿るというし、私自身はその言葉を信じているが）。例えば小説では、細部の細部まで描いたフェティッシュぶりが面白いということはよくある。しかし喋ることも困難になりつつあるふたりのあいだにあるのは、ユーモアのある会話ではなく「痛い、痛い……」という悲痛なかすれた叫び声だ。ふたりにはふたり以外のものはすべて邪魔でしかない。介護生活を通してジョルジュは自分の居場所を発見したのかもしれない。自分が生きる意味を見いだしたのだ。妻は確かに動けはしないが、ふたりにとっての立派な共同作業でもある。長年の夫婦生活のなかで忘れかけていたかもしれない共同作業を、もう一度発見してしまったのだ。だからこそ娘夫妻の訪問でさえ、密室の明らかなノイズになってしまう。そういったストイックさがこの作品をチープにさせない理由かもしれない。閉塞感はより強まり、本人たちだけが気づいていない。ただただ美しくも残酷に、画面のなかで起こっている夫の究極の決断に打ちのめされる。

第六十五回カンヌ国際映画祭では最高賞であるパルムドールを受賞、そして第八十五回アカデミー賞で外国語映画賞を受賞した本作。エマニュエル・リヴァは同アカデミー賞主演女優賞に八十五歳という最年長でノミネートされた。この映画は非常に緊張感に満ちた見応えのあるサスペンス映画である。いや、夫婦愛そのものがサスペンスなのだろうか。愛が美しいとは限らない。

恐ろしいほど優しい悪に包まれる

『凶悪』(白石和彌監督／日本、二〇一三年公開)

映画を観ているあいだ、とにかくスクリーンのなかのものだけを観るように心がけている。どのジャンルだとか原作がどうというものをあまり意識していない。完成されたひとつの作品として、そこに映っているものがどう面白いかということを重要視したいからだ。もちろん歴史ものなどでは特にそうだけれど、知識はあるに越したことはない。そう言ってしまうと映画の話を越えて一般論になってしまうけれど。

本作は実際にあった「上申書殺人事件」を題材にした映画である。原作は「新潮45」編集部編の

『凶悪　ある死刑因の告白』。須藤(ピエール瀧)というひとりの死刑因が三つの殺人事件に関与したことを自ら告発することからすべては動き始める。ジャーナリストの藤井(山田孝之)が事件の真相を調べていくなかで、須藤の告発は信憑性を帯びてくる。そして徐々に事件の主犯格であるとされる男・木村(リリー・フランキー)の存在が色濃くなってくる。須藤は元暴力団組長、木村は不動産のブローカーだった。このふたりが手を組み、殺人で大金を儲けるようになった。結局、須藤は捕まり死刑因となり、木村は捕まらずにのうのうと生きていた。木村への裏切りから、須藤は藤井に告発をすることに決めたのだ。淡々と語られる事件の残忍性に、終始緊迫感が漂い、目を瞑ることができなかった。

この事件については、実際に記事を掲載したことで事件が発覚、犯人逮捕にまで繋がったということが映画のなかで描かれている。以前、韓国映画の『トガニ　幼き瞳の告発』(ファン・ドンヒョク監督、二〇一一年)を観たときにも同じことを感じた。『トガニ』は、ある聾学校で教師が生徒たちにしてきた性的虐待を、生徒と、ひとりの若手教師がともに闘い、告発するという物語である。現実の事件を描いた小説の映画化であり、この映画がきっかけとなって一部ではあるが法律の改正にまで至った。障害者の女性への虐待に対する罰則の厳罰化、障碍者や十三歳未満への虐待に対する公訴時効の廃止を定めた「トガニ法」である。事件の内容はやはり目を背けたくなるようなものではあるのだが、そのような映画がつくられたこと自体が喜ばしい。映画や小説をはじめ表現行為というのは単なるエンターテインメントではなく、ひとつの闘う手段なのだ。

白石作品との出会いは二〇一〇年公開の『ロストパラダイス・イン・トーキョー』である。とても衝撃的だった。主人公の男性と障害を持つ兄、そして兄の性欲処理のために呼んだデリヘル嬢との出会いと、絶望と未来を繊細に描いた大傑作なのである。扱うテーマこそ違えど、『ロストパラダイス・イン・トーキョー』においてもメインの登場人物三人の関係性が、絶妙なトライアングルのバランスを保ち、揺れ動き、それが妙に官能的だった。白石和彌は社会のダークなテーマに目を向け、エンターテインメントという魔法をかける天才なのだ。

『凶悪』というタイトル、主役三人の顔が闇から浮かび上がるようなポスター。殺人、裏切り、金、仁義、欲望、生への執着……とにかく悪の協奏曲とでも言うか、人間の底知れぬ残虐さには精神をえぐられるような気持ちになる。と同時に、どこかでその残虐性を怖々と見たいような欲望を刺激される。主役の三人に留まらず、事件に関与する人々や藤井の家庭にまでおよび、実にさまざまな人たちが登場する。驚くべきことにどの人物もみな生々しい。それぞれが自分の都合のなかで生き、それぞれの信念を持ち合わせ、他人を巻き込み巻き込まれ、もがきながら生きている。追い込まれるとどこまで人は〈凶悪〉になれるのか。台詞だけを活字にしてしまえば、みんな嫌な奴らに見えるかもしれない。それなのに、どの人物も不思議と単純に嫌な人間に感じられない。それどころか、愚かであっても必死に生きていることに妙な愛おしさが生まれてくるのだ。本作に辻褄合わせの無駄な人物などひとりもいない。誰のことも否定しない。人物描写への驚くべき公平性を保った優しい眼差しが、混乱させ、かえって不安を煽る。恐ろしいほどに優しい悪に包まれたような感覚に陥る。

この映画の闇の奥底は計り知れない。全編通してじわりじわりと浮かび上がってくる悪の実態らしきものは、目には見えない。ただ、そこにあるということだけはわかってくるような、得体の知れぬ恐ろしさが蔓延している。しかし何だろう、観終わって妙にポジティブな気持ちになった。身体が熱くなった。甘くてアルコール度数の高いお酒を飲んでしまったかのようだ。少なくとも、危ない映画であることだけは間違いない。

愛は見る目を変える

『眠れる美女』(マルコ・ベロッキオ監督／イタリア、フランス、二〇一三年公開)

ただ目の前にある画面を見つめていればいい。できることはそれしかない。これから繰り広げられる二日間と三つの物語を、沈黙のうちに噛み締めること。映画へのまなざしを通して、ある貴重な追体験をさせてくれる。言葉を交わすでもなく、思い出に囚われるでもなく、ただ目の前にいる愛する人を見つめるという行為。それは尋常じゃないほどにエネルギーを消費することは間違いない。並々ならぬ精神力と体力が必要になってくる。ただ見つめることは、とても生やさしいものではない。

二〇〇九年、イタリアでエルアーナ・エングラーロさんをめぐる事件が起こった。俗に言う尊厳死事件と呼ばれるものである。エルアーナさんは二十一歳で事故に遭い、十七年ものあいだ眠り続けていた。家族は延命措置を続けることをそれ以上は望まなかった。長いあいだ裁判で闘争を続け、最終的には延命停止を認める判決が下された。一方で、カトリック教会をはじめとした保守層を中心として反論が生じ、世間では意見が対立した。また、延命措置の停止を行うことを受け容れる病院はなかなか見つからず、当時、保守層からの支持を集めていたベルルスコーニ首相は、延命措置をすべく法案の強行採決を画策していたのだった。

この事件をもとにして、マルコ・ベロッキオ監督は本作の物語を構想したという。そんな激しい対立のなかにある二日間を多角的な視点から見つめ、描いたのが本作である。三つの物語からはそれぞれまったく異なる死への見つめ方が浮かび上がってくる。

まず、妻の延命を止めた経験を持つ政治家ウリアーノ(トニ・セルヴィッロ)と娘マリア(アルバ・ロルヴァケル)の物語。ここでは、妻あるいは母の死が既にひとつの経験として描かれ、ふたりのなかに内包されたものとなっている。愛するがゆえに延命を止めた父と、そんな父に懐疑心を持ち続ける娘。

ふたつ目は、キャリアを捨て去っても昏睡状態にある娘に寄り添い続ける元女優(イザベル・ユペール)と俳優志望の息子の物語である。いつか目醒める日が来るかもしれないとただただ信じ続け、眠り続ける娘の看病をする日々。そこには、生と死の狭間を漂うように生きる家族の姿が描かれている。母は祈りを捧げることしかできず、また息子からしてみれば意思の疎通ができなくなった妹に時間ばかりを費やすことが赦しがたい。それぞれの思惑のなかで、それぞれの思うところを突き進んでいくしかない。そのなかでイザベル・ユペールの瞳は力強く、ひたすら優しく印象的だった。

この映画のひとつの魅力は、会話である。「だいたい脚本を追ってはいるが、演技のほとんどは即興だった」というのだから驚かされる。眠りのなかにいて言葉を交わすことのできないなかで、日常生活のなかに生きている人々は何を語らうのか。目の前にいて心臓も動いているのに、沈黙のなかで機械音だけが耳に張りついて消えることがない。揉めることもいがみ合うこともないが、静音のなかに呑み込まれそうになる恐怖、苛立ち、悲しみ、安堵が入り乱れる。

三つ目の物語は、自殺願望のある女（マヤ・サンサ）と彼女を見守る医師（ピエール・ジョルジョ・ベロッキオ）の物語である。人生に破滅しか見いだせない女は医師の前で手首を切ってしまう。一命は取りとめたものの、眠りのなかに入ってしまった女の回復を、医師はただ信じて待ち続けた。死に惹かれ、死の方向へと向かいつつある女を前に、しかし彼は生きることだけを望む。

生死にまつわる決断をしなければならないとしたら、それはどんなときだろう。命の問題に絶対的な答えがあるわけではなく、絶対的な正しさもない。生死は彼女たちの上を彷徨い、生きる者に生きる者には見つめるという行為しか残されない。それはとても丁寧なまなざしだ。死の範囲は非常に曖昧で、同時に生の範囲も曖昧になってくる。死をこんなにも丁寧に見つめることで、生きた人々の姿を真摯に描く。メメント・モリという言葉を思い出す。

この映画体験は観る者に生と死に対する疑問をダイレクトに刻みつける。どこかで誰もが見つめ合わなければならない、身近で、壮大なテーマだ。最後に、恋をしたマリアが父にこう言う。「愛は見る目を変えるのね」。この言葉はひとつの真実である。何て弱々しく、強い言葉なんだろう。私は映画の画面を見つめながら、無言のなかで激しく心を揺さぶられた。

完璧に配置された暗闇と光

『郊遊〈ピクニック〉』(ツァイ・ミンリャン監督／中国、二〇一四年公開)

この幸福感はさまざまな映画を観てもそうそう感じられるものではなく、映画の本来持っている美しさと可能性が、テーマさえも凌駕するということを改めて実感した。濃厚なブルーが基調の暗闇から、登場人物たちの表情のひとつひとつが映し出される。過剰な説明も当然なく、カメラを通して切り取られた画面を眺めるだけ、何も考えずに、見つめるだけ。そういった贅沢な体験ができることは意外とない。映画を観ながら、あれやこれやと考えてしまうことのほうが大半であって、必ずしもその映画についてとは限らないのだが、何も考えずにいられるというのは実は有り難いことなのだ。

長回しに耐えうる映像というのは何だろうと、偶然にも他の映画を観ながら考えていたのだが、少なくともツァイ・ミンリャンから学ぶのは画面自体の完成度の高さ、綿密な構成と色合いの上にある純粋さであるように感じる。どの場面ひとつとっても、完璧なまでに配置され、暗闇があり光がある。レンブラントの画のように、とつい言いたくなってしまう。

貧しさゆえに、決まった家もなくマットレスの上に寄り添うように眠る父と幼い娘と息子、「病気になった」という壁の禿げた家のなか、ぼうっと底から沸き上がるようなバースデーケーキのキャンドルにも、なぜ、このある種ものすごく悲惨な状況の暗闇に安心するのだろうか。一方で、子供たちがスーパーで食事代わりに試食するシーンや、父が人間立て看板と呼ばれる不動産の広告を持って立ち尽くしているシーン、あるいはまばゆいほど真っ白なベッドは本来幸福の象徴かもしれないが、スーパーの蛍光灯も屋外の太陽もベッドの白も、明るい場面での孤独はより一層際立つ。心理学的にも暗闇効果というのが実際にあり、暗闇のなかでの方が一層、人間同士は親密になるらしいのだが。

ツァイ・ミンリャンが描き続けてきた孤独は、彼と今まで二十一年間組んできたリー・カンションが一身に背負っている。「彼の顔が、私の映画である」というミンリャンの言葉にはそれはもう震えるものがある。ずっと主演が同じ人物であり続けることは、俳優にとっても監督にとっても、双方の信頼がなくては成立するはずもない。二十一年という長い歳月を越えて、リー・カンションはツァイ・ミンリャンの孤独であり紛れもない愛情の人である。こんな希有な人間関係がこの世界にあるというだけでも感動を覚えずにはいられない。台北の貧困を描きながらも、こんなにリッチな画であり、人々は偽善とは無関係の優しい目をしている。言葉数も少ないなかで、リー・カンションの顔のアップは実に多くを語りかけてくる。ちなみに本作で、ヴェネツィア国際映画祭審査員大賞の他、金馬奨で監督賞と並び主演男優賞を受賞するなど、多くの賞を受賞したのは実に喜ばしいことである。

この映画を観終わったとき、正直言うととても短く感じられた。印象的なラストシーンの反動であるのかもしれない。それまで焼き付けられてきたどのシーンに対しても挑戦的であり、観客にも何か要求しているのかと思わせる。しかしおそらくそんなものはない。実際に存在しているという都市開発の裏側に生まれてしまった廃墟と、そこに描かれた巨大な画。その前に男と、謎めいた女が立っている。数少ない登場人物のなか、ひとりの人物を三人の女優が演じていると気づいた瞬間にも衝撃を受けた。言葉だけでは語り尽くせぬものを、どこまでも忠実に映し出そうという監督の強い意志を感じた。

何がいつ起こったかというのは、人間の記憶にさして重要ではないのかもしれない。それがいつのことであろうと、人と人とのあいだに生まれた感情や忘れてはならない記憶だけをどこまで純粋に保存しておけるだろうか。何にも媚びず、何にも迎合しない。どこまでも映画に対しての真摯な表現に脱帽せざるをえないと同時に、本作をもって引退を発表という真摯な憂いにも息を呑み（でもきっとまた撮ると思っているけれど）、ひたすら映画の佇まいにただ見蕩れていた。

夢と野望に満ちた映画プロジェクト

『ホドロフスキーのDUNE』(アレハンドロ・ホドロフスキー監督／アメリカ、二〇一四年公開)

『DUNE／砂の惑星』といえば、一九八四年にデヴィッド・リンチによって映画化され、映像化不可能と言われてきたフランク・ハーバート原作のSF大河小説が原作である。いまでこそカルト的な人気を博していることは事実であるが、原作の小説はもともと一部で熱狂的なファンを獲得していたこともあり、公開当時の『DUNE／砂の惑星』の評判は必ずしもよかったわけではない。それはデヴィッド・リンチ自身も自伝のなかで自ら苦言を吐露した。この映画の製作過程にはとんでもないいきさつがひしめいている。で、ホドロフスキーである。

もともと彼がこの映画をつくるつもりだったが、製作を「断念」しなければならなかった理由が今回のドキュメンタリー映画『ホドロフスキーのDUNE』で描かれている。何よりもこのドキュメンタリー映画の素晴らしいところは、ホドロフスキーとの距離感にある。とにかく、近い。「断念」しなければならなかった事実への単なる検証ではなく、ホドロフスキーという人物の魅力を多分に伝え、夢と希望に胸が高鳴るれっきとした青春映画なのである。

公開されてすぐ、その人気ぶりはネットを介しても充分に聞こえてきた。映画製作に興味のある人はもちろんのこと、観客を決して選ぶことなく興奮状態へと導いてくれることは間違いない。ホドロフスキーの構想していた『DUNE』には、想像を超えて実に刺激的なキャストが揃っていた。そのほんの一例として、画家のサルバドール・ダリ、ロックスターのミック・ジャガー、映画監督のオーソン・ウェルズ、俳優のデヴィッド・キャラダイン。H・R・ギーガーにもある役での依頼をしていた。この豪華すぎる顔ぶれが画面に登場することを想像するだけで、ついついこわいもの見たさが込み上げてくる。なぜこのようなキャスティングが可能になったか。言わずもがな、ホドロフスキーの人間的魅力と熱意に尽きる。この熱意というのもただごとではない。

ホドロフスキーは自身の頭のなかにあることをそのままそっくり映像化すべく、おびただしい数の絵コンテを漫画家のメビウスと共につくり、宇宙船のデザインはクリス・フォスに、建築物のデザインはギーガーに依頼していた。まだ若き日のミシェル・セドゥがプロデューサーとして意気投合し、映像化に向けての準備はこと細かく、不足のないように思われた。このようなあまりにも豪華な顔ぶれが現実に揃って動き出していたことを、作品のなかでホドロフスキー自身の言葉で聞くことは本当に幸福な体験だった。彼はこの映画に関わるすべてのひとを「魂の戦士」という言葉で表現している。好きで好きでたまらず、いつか自分が映像化したいと思っていた原作へ愛情を込めて万全の準備をしていく。構想を聞くだけで、その緻密さから完成は目の前にあるような気がしてくる。しかし結果的に、ホドロフスキーがこの映画を完成させることは(今のところ)なかった。もちろんなぜそうなってしまったかは作品のなかで語られている。ひとつ大きな理由が「ホドロフスキーだから」という何とも屈辱的なこの現実を知ったときに、怒りを覚えずにはいられなかった。

このドキュメンタリーの監督フランク・パヴィッチは今回の作品が初の劇場公開作品となった。もともとホドロフスキーの作品を敬愛しており、『DUNE』の構想を知ったときに即座にドキュメンタリーを撮らなければと思ったという。彼のホドロフスキーに心酔しきったまなざしが、この作品全体を感動的なものにしていることは間違いない。いわゆる客観性に囚われていたらこの熱っぽさはなかっただろう。監督の心酔ぶりが、ホドロフスキーの人間的な魅力を引き出し、なおかつ「断念」の真相が自ずと浮かび上がってくるのだ。ホドロフスキーは大きい(公開時、新宿のシネマカリテにあった等身大パネルも大きくて驚いたけれど)。何より彼自身が自分の人生を全肯定している、その力強さに、最も大きな感動を覚える。このホドロフスキーの『DUNE』映像化への構想が、その後の映画界にどれだけ大きな影響を与えることになっただろう。スターウォーズをはじめ、あらゆるSF映画の礎になっていることは確かなのだ。

夢と野望に満ちたこの映画プロジェクトは、姿を変えて波及し続ける終わらない物語である。このプロジェクトの後日談も素晴らしい。「断念」してから長年会うことのなかったプロデューサーのミシェル・セドゥと再会し、そして本来ポール役を演じるはずだった息子のブロンティス・ホドロフスキーが出演する『リアリティのダンス』(二〇一三年)も公開された。「魂の戦士」たちの健在っぷりに血が熱くなるのを感じた。このドキュメンタリーはホドロフスキーの『DUNE』を完成にまた一歩近づけた。止まぬ期待と共に完成されないことを繰り返し、そして今も完成されつつある。

映画に絆をもたらしたというロクシー(犬)

『さらば、愛の言葉よ　3D』(ジャン=リュック・ゴダール監督／フランス、二〇一五年公開)

そういえば映画とは何だったろう。ハードもソフトも媒体も日々変動していくなかで、未だに映画の定義というのがよくわからないままなのだが、少なくともこう思う。美しい誤訳である、と。もちろんいささか強引ではあるけれど。形容は、美しい、でなくともいいのかもしれない。これではあまりにもロマンチストみたいだし、けれど、身勝手な、だと意味が多少重複するし、可愛らしい、も何か違う、官能的な、だと……ああ、それもいいかもしれない。とても個人的なことは官能的な要素があるから。私はいま映画の本質を何も語っていない。映画へのこの無理矢理の定義付けは、私の映画の好みの問題であるからだ。そして、この映画が美しいとか官能的だとかいうことを言いたいのでもない。まず思い出すのは、ゴダールという人はいつも映画が何であるのかを考えさせ、好奇心を煽り、無知の認識を教えてくれるのだった。それはものすごく幸福なことで、そうだ、私は映画が好きだった、という原点に回帰させてくれる。

ゴダールは当たり前だが人の名前だ。この言葉を聞くと過剰な期待をすることに気づく。ゴダールという言葉に翻弄される感覚は食欲にも似ている。美味しいかどうかはわからないが、また食べたくなる。排泄をしてこの身になっているという変な実感がわく。映画を観て語るときに、本当はできもしないのに、理解をしようとする嫌な癖がついてしまった。もちろん理解ができるわけではない。そんなときに肉になってしまったゴダールの部分が少し痒い。

シノプシスにはこう書いてある。

「人妻と独身男が出会う」「一匹の犬が街と田舎を彷徨う」「犬は気付くとふたりへ割り込み　もうひとりは、もうひとりのなかに　ひとりは、もうひとりの中にいて　ふたりは三人になる」「前夫がすべてを台無しにし　第二のフィルムが始まる」「人類からメタファーへと移り　最後は、犬の吠える声と　赤ん坊の泣き声で終わる」

二組の容姿が似通ったカップルがいて、繰り返しではないが同じような情況があって、そこには犬(ロクシー・ミエヴィル)が行き来している。しかし、必ずしもこのふたつの情況が独立していないためにオムニバスではないことが明確にわかる。どう影響し合っているのかは不鮮明だが、どうやら影響し合っているらしい。ちょうど左右の目で同時に見ているものが実は左右で少しずつずれているように。

私は本作を2Dでは観ていない。もともと3Dで観ること自体が好きではないのだが(重かったり、涙で曇ったりするから)、本作はぜひ3Dで観ることをおすすめしたい。これまでの作品でも度々試みられてきたゴダール的分断が、耳と目の奥の視神経の束を通って脳にダイレクトに響き渡る。それゆえ激しく疲弊し、六十九分という信じがたい時間に驚かされる。調和はなく、登場人物や物語に共感するような余地はない。しかしこの白昼夢のような映画は、夢の整合性をもって感動をもたらす。シーンはところどころ繋がっていないのに、繋がっていることだけがわかるという感覚。違う人物が同じ人物であることなど、他人の夢を覗いたことは当然ないが、確かに夢では何度も体験してきたことだった。細部ばかりが露骨になり、全体を通して初めて意味を帯びてくるもの。しばらくするとその細部さえも忘れてしまうのだが、夢の感覚だけが指先に残される。

『彼女について私が知っている二、三の事柄』(一九六六年)のなかに親子のこんな会話があった。子供が「ママ、言葉って何?」と尋ねる。すると母親はこう答える。「人間の住むおうちよ」。私たち人間の方が言葉を所有しているのではなく、言葉の方に人間が属しているのか、と驚く。そういえば聖書のなかでヨハネの福音の始まりはこうだった。「はじめに言葉があった」。ゴダール作品の登場人物たちはたびたび言葉について、言語について言及してきた。言葉について考え始めると少々喋ることが億劫になる。言葉で思考するスピードと言葉を発するスピードが必ずしも一致するとは限らないからだ。個々人とひとつの言葉の距離感も意味合いも微妙にずれているはずだ。ひとつの言葉に対して意味は二重とは限らない、多重だ。そのくせ多重になりすぎると今度は意味が崩壊してしまう。何重にも意味を孕んで意味が意味ですらなくなる。放射線を描いて、意味が分散し語れなくなるという、それはまさに意味の3D体験だ。

ロクシーはこの映画に「絆をもたらした」という。彼は意味の間を自由に行ったり来たりすることができるのだろう。もともと言葉をもたないがゆえに、破綻することもなく。子供の頃に天国は人と人のあいだにあるものだと教わったことがある。言葉から分散してしまった意味と意味の、しかしわずかに重なり合う部分に私はかすかな希望を見いだしたいと言葉で望む。

気がつくと共犯者になっていた

『ハッピーエンドの選び方』(シャロン・マイモン、タル・グラニット監督／イスラエル、ドイツ、二〇一五年公開)

幸福な物語とは何だろうか。どんな悲劇であろうとそれは描き方の問題であって、そのなかに生きる者たちが本当に酷い人生だったと思っているかどうかは結局のところわからない。いつだって物語は観客のためではなく、そのなかに生きる人物たちのためにあるのだ。同じ物語のなかでも悲しみを感じる者もいれば喜びを感じる者もいる。バッドエンドとハッピーエンドは常に表裏一体だ。

本作は、エルサレムにある高級老人ホームを舞台に、自分たちが死にゆくこととどう向き合うかを問いかける。尊厳死を認めている国は多くはない。

発明好きのヨヘスケル(ゼーブ・リバシュ)は人々の生活に少しだけ役に立つことを発明するのが好きだった。友人マックスの苦しみからの解放と自らの意思で死にたいという願いを聞き入れるべく、安楽死装置をつくり出す。それも自らがボタンを押して死を選択できるという装置だった。彼は仲間の共犯者たちと共に実行する。一方、その計画に猛反対していた妻レバーナ(レヴァーナ・フィンケルシュタイン)は自身が認知症にかかり、自分が自分でなくなる恐怖に犯されてゆく。そこには客観視した死と客観視できないほど身近な相手の死が同時に描かれている。

これは安易に苦しみから解放されて死ぬことの推奨ではない。ただ時間が過ぎて死を待つのではなく、どこまで自分の意思で最期を選び取れるのかという問題提起であり、愛する人の死とどう向き合うのかという究極のテーマが突きつけられる。

死ぬことに向き合うことは生きることに向き合うことである。死を選んだ人物たちが自らボタンを押して旅立っていくときに、誰も恐れをなした表情をしていないのは、ここで描かれている死があくまで親しい人たちに看取られているという、充実感からのようにも見える。ここに生きている人々は優しい。人が祝福されて産まれてくるように、看取られて死んでゆくその姿は「ハッピーエンド」とつい目に映ってしまう。

生き残った者たちには、どこかしこりが残される。生きるということは悩むということでもあるからだ。愛する人が一秒でも長く生きてほしいと願う気持ちも偽りのない本心であろう。生きている間には完全に苦しみから解放されることなどおそらくない。老いるということはやはり残酷な側面がある。思うように身体が動かない、痛みが生じる、ものを忘れ言動にズレが生じる、コントロールが効かなくなる……それでも喜怒哀楽の精神が変わってしまうわけでも劣ってしまうわけでもない。人間であることにはなんら変わりはない。一番罪深いのは、ただ生きてしまうことだという気がしてならない。

ヨヘスケルの周りには装置の噂を聞きつけた人たちがやってくる。そんななかで妻を殺し、自らも自殺したという男のニュースが入る。そのような事件は日本でも実際に起こっている。この映画に出てくるテーマは決して他人事ではない。また、ヨヘスケルは妻を認知症だと認めたくなく、専門の施設に入れることにも否定的であった。身近なことになると急に判断がつかなくなるのだ。本当に苦しみから解放されたいのは一体誰なのだろうか。救われたいのは誰なのだろうか。

登場人物それぞれの事細かな心理描写は秀逸だ。不倫中のゲイカップルの密会や、肺ガンの話をしているときの喫煙シーン、交通違反切符を切られそうになったときに見逃してもらうための嘘の演技など、ところどころユーモアが効いている。急に主題歌を歌うシーンも異質さを感じさせずに心をつかまれた。

死の選択は、絶望ではなく生きることへの希望から生まれている。もちろんそれが最良の選択かどうかはわからない。死後の世界は誰にもわからず、正しさというもの自体が存在しえないのだ。今日も誰にも知られずひっそりと死んでゆく人は多い。そのなかで死を選ぶというある意味贅沢な選択は、やはりひとつの幸福のかたちであることは間違いないだろう。もし実際に自分がそのような事態に直面したときに、どんな選択をするのかはわからないが、ヨヘスケルとレバーナの選択には涙をせずにはいられなかった。気がつくと私は彼らの共犯者になっていた。

自然の一部として存在する〈人間〉たち

『あん』（河瀬直美監督／日本、フランス、ドイツ、二〇一五年公開）

「女性ならではの～」という言い方には前々から違和感を覚えていたのだが、おそらくその言葉自体がフェミニンさに欠けるからだ。女性が女性ということを意識しすぎてしまうのはやはり男性社会の眼の下に存在していることを意味してしまうので、女性ならではの視点、女性ならではの表現、と思われてしまった段階でそれは決してフェミニンではないのだ。もちろん性別による感覚の差は表現行為においても、普段の生活においても極めて大切な違いになってくる。違いを認め、意識することで生まれてくるものは数多い。「女性ならではの～」といった位置づけを周りがしてしまうこと、ひいてはそれを受け容れてしまうこと自体が非常に暴力的というか体育会系なノリというかマッチョすぎるというか。

とにかく河瀬直美監督というひとはカンヌの申し子と呼ばれてしまうことが先行して、作品よりも先にイメージづけられてしまうきらいがあるように感じる。女性が女性的なことを強調しすぎて（されすぎて）表出する強引さというものが苦手だったが、本作で気づいたのは、作品における登場人物の性別のなさだ。もちろん設定としては性別はあるが、どうも希薄なのだ。あくまで自然体でいることを強調した演出にその原因があるのだとばかり思っていた。どこか物足りない気さえしていたが、年齢や性別と関係なく、人間を社会のなかの特権的な存在ではなく、自然の一部としての存在であるという意識があるからこそ自ずとそうなるのではないだろうか。河瀬監督作品に登場する人物たちは、人間の姿をした精霊のような〈人間〉なのだ。

第六十八回目のカンヌ国際映画祭「ある視点」部門のオープニング上映をかざった本作は、初の原作もので、過去には監督作に出演も果たしたドリアン助川氏の小説がもとになっている。小さな店「どら春」でどら焼きをつくり続ける、人生に戸惑うワケありの店長・千太郎を永瀬正敏が好演し、そこであんのつくり方を教える老女・徳江を樹木希林が演じた。また女子中学生ワカナ役の、樹木希林の実孫で初共演となる内田伽羅の存在感にも、希有な透明感が光る。

常に丁寧に〈人間〉と自然を描いてきた。過去作品にも、自身の故郷である奈良を多く舞台として選び、前作『2つ目の窓』(二〇一四年)でも奄美大島を舞台に、自然と人間の融合というテーマは共通している。自然に囲まれず育ってしまった私にとっては、その感覚を懐かしく思うことも、共感することもなかったのだが、ただ美しいというよりは圧倒的な自然の力に驚かされたと言った方がずっと近い。また『2つ目の窓』で主演を務めた村上虹郎の存在感があまりに素晴らしく、そう思っているうちにあっという間に新世代のスターになった。中学三年生で掃除しているところを河瀬監督に見いだされた尾野真千子の話もそうだが、若い才能を発掘する才能がある人なのだろう。役づくりのために徹底した環境をつくることも有名なエピソードだ。

印象的な桜の木々や小鳥のさえずり、世代を超えた〈人間〉と〈人間〉の会話が優しく横たわるように折り重ねられていく。あんづくりをするときの徳江の豆との寄り添い方をはじめ、ひとつひとつのことへ愛情を注ぐ意味や距離感に徐々に魅了されていく。小さな花びらがつぼみから音を立てて開くように、千太郎やワカナの心も開き始める。そんな日々の優しさと対比するように、物語の方向性を変えてしまう心ない噂が立ち始め、「どら春」からは客足が遠のいていく。徳江がハンセン病を患っているかもしれないという噂であった。ハンセン病に対する間違った知識や負のイメージが一人歩きして、隔離されて暮らしてきた人々の心に深い傷を負わせてきた。

かつて松本清張原作の『砂の器』(野村芳太郎監督、一九七四年)でも、差別が生んだ悲劇が痛々しく描かれた。生きながらに、別の世界でしか生きられないという過酷なものだ。もう外の世界では暮らせないと諦めてきた徳江にとって、千太郎やワカナとの出会いがどれだけ夢に見た世界だったことだろうか。無理解という残酷さ、決めつけることの暴力性は日々のなかに当たり前のように転がっているものだ。徳江役の樹木希林、同じくハンセン病患者で親友の佳子役を演じた市原悦子、特にこのふたりの存在感は俳優の演技というよりも、生き様がそのまま滲み出したような繊細な破壊力があった。徳江は「私たちはこの世を見るために、聞くために生まれてきた。この世はただそれだけを望んでいた。だとすれば、何かになれなくても、私たちには生きる意味があるのよ」と語る。ただ純粋に「おいしい」と感じる喜び、それは主人公たちのように鬱屈としたものを抱えていようがいまいが、どんな境遇の人間にも口に入れた瞬間に平等に訪れる。喜びを与え、食べる者を選びはしない。徳江の達観したまなざしが、この映画に命を吹き込んだ。

新作が観られなくなっても映画が終わるわけではない

『愛して 飲んで 歌って』(アラン・レネ監督/フランス、二〇一五年公開)

年齢を重ねていくことがこんなにもポップだったとは。愛と嘘が互いをつつき合うように進んでいく人生。なんて解放的でチャーミングなのだろう! 三組のカップルと、末期ガンで残された時間の少ないその友人の男、ジョルジュをめぐる愛しい物語たち。このあたかも現実味のない異世界さを帯びた街は、カラフルな色とテンポの掛け算で惹きつけながら、徐々に現実味たっぷりのユーモアと皮肉と愛に満ちた幸福感へと導いてくれる、素晴らしいショーのステージである。まるで、ゆったりとした座り心地のよい椅子に座ることを許されたようだ。あるいは試されたかのようだ。いずれにしても、このショーを前に、リッチな気分にさせてくれる。

本作は『スモーキング/ノースモーキング』(一九九三年)、『六つの心』(二〇〇六年)でタッグを組んできたイギリスの劇作家、アラン・エイクボーンの戯曲の三度目の映画化である。彼と初めに組むようになって以降、アラン・レネは洒落っ気たっぷりのコメディを完全に自分の持ち味のひとつにした。アート映画という曖昧で狭いジャンルの分類は何の意味も持たないけれど、『夜と霧』(一九五五年)、『去年マリエンバートで』(一九六一年)をはじめとした有名な代表作のためか、アラン・レネの名にはアート映画という得体の知れない難解さの影がまとわりついている。しかし、

『恋するシャンソン』（一九九七年）や『巴里の恋愛協奏曲』（二〇〇三年）といったヒット作を観れば、軽やかで華やかな群像劇を得意としていることはよくわかる。「（映画に）型がなければ感情もない」とレネ自身が言うように、映画の様式の美しさを何よりも大切にしてきた作家である。

テーマやジャンルというのは観客のためのものであって、監督のためのものではない。『愛して飲んで歌って』で繰り広げられる世界の様式の美しさは、色合いや表現方法こそ違えど『去年マリエンバートで』での顕著なモノクロームの優美な世界と、その根底にある精神は何ら変わっていないように思う。二〇一四年三月一日、九十一歳で大往生を遂げるまで、レネは映画を撮り続けることによってそのことを軽快に実証してくれた。

フランスのバンド・デシネ作家、ブルッチのイラストで導かれる、どこかの演劇の舞台のような、不思議でカラフルな街で、女たちはそれぞれジョルジュと共有した秘密と戯れ、何も知らない男たちさえも翻弄されていく。残り僅かなジョルジュの人生をより有意義なものにすべく、彼らはジョルジュと一緒に芝居をすることを計画する。ジョルジュは常に不在の男だ。そこに居ながら、決して姿を現さない。彼の本当の姿とは一体どんなものなのだろうか。カラフルな街は時に背景を失って、登場人物たちは顔のアップだけで喋ることだけに専念する。そんな突然の独白めいた語りにも、驚かされながら意識を持っていかれる。女たちのおしゃべりからは、ジョルジュの生き生きとした姿しか浮かび上がってこない。死にゆくことなど想像もできないくらいに。それは女たちの願望の現れだろうか。三人の女たちもまた、彼を語ることで生き生きと女らしくなっていくのであった。

おしゃべりな性格で「秘密だけど若いときはジョルジュの恋人だった」カトリーヌを演じたのは、公私ともにレネのパートナーである女優サビーヌ・アゼマである。彼女の人柄がそのまま滲み出ているとしか思えない、人懐っこくて、ひたすら明るくて、複雑な心境ながら人生を楽しんでいる様子を見事に体現した。アゼマとの幸福な関係性ゆえか、嫉妬や嘘さえも、描かれる感情の全てが愛おしく映し出される。彼女の存在はレネ作品にとって必要不可欠な一種の様式美なのだ。

未だにアラン・レネが亡くなったということが信じられない。ジョルジュのお葬式で、けれど不在のジョルジュが重い棺桶の蓋を開けて出てくるのではないかという期待をしてしまったように、ふいにモグラがひょっこりと土から顔を出すように、レネがまた新作を発表したというニュースを聞けるのではないかとつい期待してしまう。六人の男女とひとりの若い娘に花を手向けられて、ジョルジュがどれだけ人の気持ちを揺さぶり、どれほどに愛されてきたかが伝わる。

アラン・レネはいつも生きる希望を与えてくれた。いつも幸福が何かを教えてくれた。いつでも、完璧だった。多分、死ぬまで私はアラン・レネが好きだ。好きな映画監督がみんなどんどん高齢になっていくのは寂しくもあるけれど、一方で九十歳を過ぎてもなお現役で活躍する彼らにいっそうの敬意を払いたい。この作品から年齢を重ねることのポップさを学んだばかりだ。感傷的になりたいわけじゃない。新作が観られなくなっても、映画が終わるわけではない。この素晴らしい遺作をひとりでも多くの人が観ることを心から願っている。

少しずれたピッチで不協和音を奏で続ける

『蜃気楼の舟』(竹馬靖具監督／日本、二〇一六年公開)

ときどき思ってもないことを口走って、どうしてそんなことを言ってしまったのだろうと、自分の言葉に驚くことがある。あるいは、本当はわかっているのに、うまく言葉にできなくて、口を噤んでしまうことがある。宮澤賢治の『銀河鉄道の夜』の最初の授業のシーンで、ジョバンニは先生の質問の答えがわかっているのに答えられないという場面があった。黙っていると先生はカンパネルラに答えを求めるけれど、カンパネルラもわかっているのに答えない。ふたりはお互いに、わかっているということだけ、わかっている。

主人公の男(小水たいが)の喜怒哀楽のない表情は、感情を肉体にのせることをまるで拒否しているかのようだった。彼は「囲い屋」と呼ばれる、ホームレスを住まわせる代わりに生活保護のお金をはねることで利益を得る仕事をしている。実際にそういうことがこの社会にあるのだというのを、本作を通して初めて知った。男はただルーティーンワークをするように日々を生きている。しかしこの男が本当に無気力であるかというとそうではない。彼のなかにはこの地上ではないどこか異世界が存在し、時にそこを訪れる。

ジョバンニが「銀河鉄道」に乗り、そこで半分は夢のなかのような観念的な、しかし確かに存在している場所に行くように、主人公の男も異世界を彷徨う。この地上ではないどこかでの旅の途中では、どうも根本的な感情と直面せざるをえないらしい。喜びも怒りも、悲しみも、楽しさも苦しみも、すべては感情という塊のなかにある一部にすぎない。感情はもともとひとつしかなく、そのなかの特に強い部分を何とか言葉で表しているにすぎない。例えば喜びと悲しみが同居する場合だって決して珍しいことではない。さらに感情というものは記憶と結びつくととても厄介で、場合によっては、自分のなかに住みついてしまった記憶に囚われて、感情が入り乱れてしまうこともある。人がもし老いたり忘れたりする能力がなかったら、その記憶と感情だけで、押しつぶされてしまうかと思うと、恐ろしくてならない。

男は囲ったホームレスのなかに父親を発見する。そして老いてしまった彼と旅を続ける。途中で忘れたはずの、死んだはずの母親とも再会する。それは男が求めた家族像のささやかな再生かもしれないし、父親と息子の共通した記憶を映し出したものだったのかもしれない。なぜ彼らが旅をするのかという説明は明確にはされていない。しかし今までいた場所にはいられないということだけは確かだった。たゆたうイメージのなかに削ぎ落とされた欠片のような言葉がパラパラと降り注がれる。言葉や会話はこの映画のなかにおいては、コミュニケーションをとるものではなく、息をするのに混じって漏れてしまった音と言った方がまだ近いように思う。特に田中泯演じる父親の言葉は、息子に語りかけながらも、彼の身体から溢れ出てしまった呼吸の一部にしか聞こえないという驚異的な音なのであった。父親が砂丘から舟を発見し、勢いよく駆け降りていく。人間が着実に死に向かっていることを描きながら、生が嫌というほど浮き彫りになっている。現実と異世界、音と声、カラーとモノクローム、父の記憶と息子の記憶、それらは対立することなくゆるやかに織りなされ融合を試みる。そして柔らかな印象を残しつつも、とてもざらついた感覚を観る者に与える。

まるでモノのように他人を扱い、モノのようにただ生きるだけの人々は、それをおかしいと思う感覚さえなくなっていく。囲い屋という域には留まらない、まったく別のベクトルを持ち備えている。この作品は物語の骨格を持ちながらも、エピソードというテーマはひとつの具体例に過ぎない。この作品は物語の骨多くの映画は、物語の骨格とベクトルが心地よい結びつきをするようにつくられているが、この作品は、そこから少しずつずらすように不協和音を奏で続ける。

ジョバンニはひとり旅から戻り、現実に戻って生きていく。カンパネルラという分身のような存在を失くしたことを理解しながらも、この先もいくらでも観念の世界で結びつくことを悟ったことで、彼はただ悲しみに溢れ絶望するだけでもなく、むしろ以前の彼よりも生き生きとしているかのようだ。主人公の男もまた、舟に乗ってどこかへ行ってしまうことなく、この世界で生きていこうという決意をしたかのように見受けられた。ラストシーンの象徴的な意味はそのためかと後に納得したのだった。

登場人物への安易な共感を作品側から拒絶されながら、物語が進むにつれて、それまで確かに経験したことのある、しかし言葉にならなかった個人的な感情が溢れ出る。この作品は映画というかたちをとりながら、とても個人的な感情を追体験させる不思議な力を持っている。

団地は多くの秘密を内包している

『アスファルト』(サミュエル・ベンシェトリ監督/フランス、二〇一六年公開)

フランス、郊外のとある団地。

物語は住人たちがトラブル続きのエレベーターを新しくするのに賛成か反対かの会議をするところから始まる。スタンコヴィッチ(ギュスタヴ・ケルヴァン)を除いては全員が賛成だった。彼が反対したのは、二階に住んでいて一度もエレベーターを使ったことがないから、費用を払いたくないという理由であった。払わない代わりに使用しないという条件付きで決まった。しかしスタンコヴィッチは会議の際に他人の家で見つけたモーターサイクルマシーンを自ら購入し、運動途中で意識を失い病院送りに。そんなまぬけな事態から車椅子生活になり、人目を忍んで夜中にエレベーターを使うようになる。

また別の階では孤独な鍵っ子少年シャルリ(ジュール・ベンシェトリ)の家の向かいに中年の女性が引っ越してくる。彼女はジャンヌ・メイヤー(イザベル・ユペール)といい、今では落ちぶれてしまった女優だった。家に鍵を忘れてきてしまったのを助けたのをきっかけに、シャルリは彼女の出演作を見せてもらう約束をする。

そしてある日、空から突如団地の屋上に降ってきたNASAの宇宙飛行士ジョン・マッケンジー

（マイケル・ピット）は、不時着であることがわかり、迎えが来るまでしばらくのあいだマダム・ハミダ（タサディット・マンディ）の家に居候することになる。

互いの言葉にならない思いを馳せながら、出会いを果たした六人。彼ら彼女らが生活の裏に抱えていることの多くは語られないが、やりとりの些細なところから、相手を見つめるまなざしから、それぞれの孤独は浮かび上がってくる。その孤独を互いに共有するわけでもなく、分かち合うわけでもないが、気づき、認め合っていることは伝わってくる。

スタンコヴィッチは食料調達のための夜中の散歩で休憩中の看護師（ヴァレリア・ブルーニ・テデスキ）と出会う。彼女に自分は写真家だと嘘をつき、接近する。窓の外やテレビの画面を必死に撮り、写真家たる努力をする姿はとても滑稽で微笑ましい。ある日スタンコヴィッチは彼女に写真を撮らせてほしいと懇願する。本当は写真家ではないだろうことは感づいている看護師であったが、否定することなくスタンコヴィッチがやってくるのを待った。

ジャンヌ・メイヤーはかつて出演した作品が再演することを知り、監督にかつて演じた役と同じ役をやりたいとアプローチしにいくが、相手にされず泥酔して帰ってくる。そんななかその台本を読んだシャルリは、彼女よりも年齢がずっと上の別の役を受けるよう薦める。最初は気に入らないジャンヌ・メイヤーであったが、自分を認め協力的な少年の言うことを素直に聞けるようになっていく。

ジョン・マッケンジーはフランス語が話せず、マダム・ハミダの言っていることがわからなかった。しかし、わからないなりに、自分に親切にしてくれるマダム・ハミダに感謝の念を抱くようになる。水漏れしている流しを直そうとするもどうもうまくいかない。そしてなんらかの事情でマダム・ハミダが息子と離れて暮らさざるをえないという事実を知る。

ふんだんにユーモアも交えながら、おんぼろ団地のなかでそれぞれの物語が静かに繰り広げられる。生活の延長上にあって、特別ではないはずのことがまるで奇跡のように感じられた瞬間が、画面に愛おしむように刻みつけられている。「上る」ことが得意なエレベーターと対称的に「落ちる」ことに焦点を当てたかったという監督の意図は、エレベーターの最上階よりもさらに天井にある曇った空の灰色に象徴的に表されているようだ。車椅子から、輝かしい栄光の座から、そして空から「落ちて」きた彼ら。地上にあるおんぼろアパートでの孤独な生活はひとつの終着点であり、始まりでもある。それぞれ思いがけない出会いを果たしたことで、地に足がついた人生が広がっていくだろうことが想像される。

監督のサミュエル・ベンシェトリ自身もフランス郊外の団地に住んでいたという。団地は生活の拠点で、生きるための箱でもある。同じ団地の住人たちが見る空は同じ空であり、聞こえてくる不気味な音も一緒だ。だけど彼らを取り巻く環境はまったく違う。隣人同士であっても、そのなかにある生活は垣間見えない。立場の違う人間同士が壁一枚向こうでまったく別の世界のなかにいる。団地は多くの秘密を内包していることになる。

そんな箱がバラバラに点在するなか、唯一上下を自由に行き交うのがエレベーターというまた別の箱だ。そこは誰でも自由に使うことができる(本作では皮肉なことに二階のスタンコヴィッチが拒んだために、彼だけは不自由に使うことになるのだが)。エレベーターは決して秘密の空間ではない、別のベクトルをもった生き物のような箱だ。直したばかりなのに壊れたりとても気まぐれで、思いがけないお客を引き合わせたり、また意地悪く大切な用があるのに急な停止をしてみせたり。生活必需品というよりは、エレベーターの方が意志を持って人間に仕掛けてきているかのように、この作品を観ていると思えてくるのだ。

イザベル・ユペールをはじめとしたベテラン俳優たちのつくり出す空気感も当然素晴らしいのだが、監督の息子でもあるジュール・ベンシェトリの、新世代の俳優も十二分に魅力的である。秘密を少しずつ共有しながらも、互いの生活の謎解きをしようとしないからこそ、その余白を楽しむことができる。この映画の呼吸はそこに暮らす人々の呼吸と完全に一致している。

永遠に刻まれた愛の傷跡

『ダゲレオタイプの女』(黒沢清監督/フランス、ベルギー、日本、二〇一六年公開)

フランスで生まれた世界最古の撮影方法、ダゲレオタイプでの撮影は、露光時間を要するために長時間動いてはならず、撮影時のモデルとなる人物は相当な苦痛を伴う。銀板に焼きつけられた姿はまるで生きた人間さながらである。『アンジェリカの微笑み』でもポストモーテム・フォトグラフィーについて触れたが、動かぬ死者を撮影するのにダゲレオタイプはうってつけだった。かつて死者の姿が生きているように撮影されたのは、残された人間たちのためであり、そういったポストモーテム・フォトグラフィーに焼きつけられたのは願望そのものだったわけだ。

写真家のステファン(オリヴィエ・グルメ)はこの古い手法を使い、自分の娘マリー(コンスタンス・ルソー)をモデルに作品をつくり続けていた。銀板のなかのマリーははっとするほど美しく、助手として雇われることになったジャン(タハール・ラヒム)は一瞬で恋に落ちてしまうほどだが、どこか虚ろな表情をしたマリーは死体のようにも見える。美しすぎて不穏なのだ。

マリーの瞳はいつも微かに揺れていて、それは神経が落ち着かない動揺にも受け取れるが、生きていることの証拠にも見受けられる。当然だが、写真のなかの彼女は微動だにしない。かつてマリーとステファンは、母であり妻のドゥーニーズを亡くしていた。彼女もやはりステファンのモデルでもあった。永遠の命、永遠の美しさを与えたという意識で、どうにかステファンは自分を保っていた。恐怖というのは意識のズレから起こる。例えば幽霊が恐ろしいのは、いないはずの人間がそこにいると思ってしまうからだ。開くはずのないドアがひとりでに動くのも、揺れるはずのない温室のランプが揺れるのも。永遠を与える、ということは人間によって可能なのか。これは芸術家にとっての大きな命題だ。江戸川乱歩の小説『黒蜥蜴』では永遠の美、永遠の命のために美しい人間たちを誘拐しては剥製に変えてしまう。撮影に長時間かかるダゲレオタイプは、瞬間そのものを時間をかけてつくる行為であり、永遠をつくる作業とも言える。

父の愛を強く感じながらも、自らの人生を歩みたいと望むマリーは、外に連れ出そうとするジャンと次第に親密になっていく。植物を愛するマリーは家にある温室を大切にしていた。一方でダゲレオタイプに必要な水銀がちょっとでも土にこぼれると植物たちを枯らしてしまうので、気をつけるようにとジャンに言う。生命を育もうとするマリーと、命を奪おうとするダゲレオタイプの闘いがその庭と温室にも及んでいる。

ステファンは撮影のために、ときにマリーに筋弛緩剤を使っていた。死刑執行時にも使われる毒薬だ。マリーはステファンの作品のために犠牲になっていることをわかっていながら、続けていたのだ。それは本当に彼女の意思だったのか。何かそうさせてしまう力が働きかけていたのだろうか。やがてマリーが階段から転げ落ちる事故が起こる。もう手遅れだと何もしないステファンと、なんとか救い出そうと、車でマリーを病院に連れていこうとするジャン。しかしその途中でマリーの傷は消え、家に帰ろうと言い出す。一方、すっかり娘が死んだとステファンは思っており、彼女を連れ出すためにも家を売ってしまおうとジャンは画策し始める。

現実と非現実、この世と異界の境界線をなくし、見事にひとつの世界に同居させてしまうことは、黒沢清のこれまでの作品でも描かれてきた。あっちとこっちの明確な違いなんてない、と映像の魔力で軽やかに言いきってしまう。ずっと人間だと思っていたものが、もしかしたら幽霊だったのかもしれない。どこからか変わったわけではなく、ただ存在しているだけでいつの間にかちょっとずつ変わっていた。監督自身もインタビューで語っているが、西洋において多くの幽霊はずっと幽霊であったと描かれ、日本では四谷怪談などの古典をはじめ、貞子に至るまで、人間が途中から幽霊になる。ジャンとマリーが遠くに行こうと車を走らせるシーンは前作『クリーピー』(二〇一六年)で〈家族〉が別の次元に行ってしまうシーンと重なり、このふたりがこれからどこへ向かうのかぞくぞくさせられた。

本作は、フランスロケ、オール外国人キャスト、スタッフもフランスの撮影法に則って集まった。フランス映画という敷居は作品にとっては関係ない。フランスだから、日本だから、という境界にはまったく囚われず、愛と執念の重みを刻んでいる。写真には撮る者と撮られる者の距離感、関係性までもが映り込む。古い撮影方法を否定するのではなく、真正面から向き合うことでその魅力と困難さにぶつかった。

撮影方法だけでなく「映画」というものの定義自体が変わりゆくなかで、「映画」はこれからどう変わっていくのか、改めてそんなことも考えた。

あとがき

私の祖父は横浜でレストランを経営していて、仕事が終わった後には晩酌をしながら一日一本の映画を観ることを習慣としていました。それがいつ始まったのかはわかりませんが、少なくとも私が高校生のときに入院する直前まではその習慣は続いていました。泊まりに行った夜に映画を観るのが楽しみでした。夜更かしをしていい十分な理由にもなりました。小さな画面からは〈寅さん〉から西部劇、フランス映画も時代劇も、何でもかかっていました。子供の頃は近所にまだミニシアターも多くて、ひとりで映画館に行くのはちょっと大人になったようでドキドキしたのを覚えています。大学に入ると映画のことがすごく詳しい人たちがたくさんいて、嬉しかったのと、悔しかったのと両方思い出します。

自分自身が役者として活動するようになり、映画との付き合い方は昔とは変わった部分もありますが、根本的なものは変わっていません。知らない世界への秘密の扉。挫けそうなとき、何度も救ってくれたのは映画でした。この本で何回、愛という言葉を使ったでしょうか。二〇一三〜二〇一六年に公開されたもののなかから選んでいるわけですが、基本は心から素晴らしいと思った作品です。好きな映画の見事な偏りっぷりには自分自身驚かされました（グザヴィエ・ドラン、シャーロット・ランプリング、ルイ・ガレル、イザベル・ユペール……）。好きな人のことを語るときのテンションの上がり具合だとか、自分の言い回しの癖だとか、恥ずかしいくらい全部このなかにあります。一冊の書物のなかでは隠しようがなくなってしまうものですね。

テーマに分けるというのはかなり苦労しました。愛は愛。種類なんて本来ないのです。特に「偏愛」の部は「映画愛」と言ったほうがしっくり来るかもしれません。迷いましたが、広義の意味で「偏愛」としました。映画を好きな人はもちろん、映画をこれから好きになる方々にも、無数にある愛の物語のほんの一部ではありますが、興味を持っていただけたら幸いです。

愛の重さに少々うんざりしながら、こんなにたくさん愛を描いた世界があることは、やはり映画をはじめ芸術は世界と闘うためのひとつの方法なのだということの再確認にもなり、素直に喜んでいます。これから愛という言葉を使わずに愛を表現してみたいという欲求も生まれました。

この本を出版するにあたり、最初に話をくださった「図書新聞」の須藤巧編集長、彩流社の河野和憲さんに心から感謝します。私の映画人生に影響を与えてくれた祖父、恋人たち、そして映画を愛するすべての人たちに、愛を込めて。

【著者】
睡蓮みどり
…すいれん・みどり…
1987年生まれ、神奈川県横浜市出身。早稲田大学第二文学部中退。在学中より映画を中心に女優として活動を開始。主な出演作は『恋の罪』（園子温監督）、『青春群青色の夏』（田中佑和監督）、『断食芸人』（足立正生監督）、『第九条』（宮本正樹監督）など。その他、「月刊デジタルファクトリー」で写真モデルだけでなくコラムや小説も執筆している。

フィギュール彩 75
溺《おぼ》れた女《おんな》
二〇一六年十二月三十日　初版第一刷
著者――睡蓮みどり
発行者――竹内淳夫
発行所――株式会社 彩流社
〒102-0071
東京都千代田区富士見2-2-2
電話：03-3234-5931
ファックス：03-3234-5932
E-mail：sairyusha@sairyusha.co.jp
印刷――明和印刷（株）
製本――（株）村上製本所
装丁――仁川範子

ISBN978-4-7791-7080-5 C0374
http://www.sairyusha.co.jp

フィギュール彩
〔既刊〕

⑫大阪「映画」事始め
武部好伸◉著
定価(本体1800円+税)

新事実！大阪は映画興行の発祥地のみならず「上映」の発祥地でもある可能性が高い。エジソン社製ヴァイタスコープの試写が難波の鉄工所で1896年12月に行われていたのだった。

⑪百萬両の女　喜代三
小野公宇一◉著
定価(本体1800円+税)

「稀代の映画バカ小野さんがついに一冊かけてその愛を成就させました！」(吉田大八監督)。邦画史上の大傑作『丹下左膳餘話・百萬両の壺』に出演した芸者・喜代三の決定版評伝。

⑯監督ばか
内藤誠◉著
定価(本体1800円+税)

「不良性感度」が特に濃厚な東映プログラムピクチャー等のＢ級映画は「時代」を大いに反映した。カルト映画『番格ロック』から最新作『酒中日記』まで内藤監督の活動を一冊に凝縮。